自分を好きになれないキミへ

石井裕之

祥伝社

（この作品『自分を好きになれないキミへ』は、
２００９年12月、小社から単行本で刊行されたものです）

まえがき

たとえば、眠れない夜。

誰かがそばにいて、他愛《たあい》もない話でもしてくれたら、どれほど気持ちが落ち着くことでしょう。

自分のことが好きになれない。何かに悩み、悲しみ、不安を感じて眠れない。「明日が来るのが怖い」という思いに飲み込まれそうになってしまう……。

この本は、そんなキミに、ボクが他愛もないことを語りかける本です。

そんな雑談のようなボクの話から、でも、キミはきっと何かを感じ取ってくれるはずです。

この本は、さらっと読んで知識を得るための本ではありません。上手な世渡りのノウハウを学ぶための本でもありません。暇をつぶすためのエンターテインメントとしての本でもぜんぜんありません。

ボクはセラピストですが、だからといってキミを励《はげ》まそうとは思いません。キミの問題を解決しようとも思っていないし、無理に元気になってもらおうとも思いません。

ただ、キミと一緒にいたいと思っています。

この本は、孤独で寂しくて苦しいとき、**いつもキミのそばにいる本**なのです。

もちろん、本なんて、紙とインクにすぎない。でも、紙に印刷されたインクの文字を通じて、ボクらは、温かい気持ちになったり、嬉しい気持ちになったりすることがあります。家族や親しい友だちなどと話すときよりも、ずっと心がつながっているかもしれないと感じるときだってあります。

ただのインクの文字を通じて、でも、ボクの心はたしかに静かにキミに流れ込むのです。

どの話から読みはじめてくれてもいい。

ぱらぱらめくって、ちょっと気になったところからでも、ボクの話に耳を傾けてください——。

石井《いしい》裕之《ひろゆき》

二〇〇九年十一月

目次

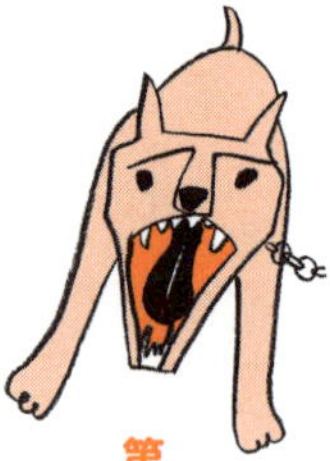

第7章 感情の起伏が激しい自分をどうしよう？ 109

第8章 ちょうどいい「空気」の読み方 125

第9章 みんなと比べてダメな自分に落ち込んでしまうとき 139

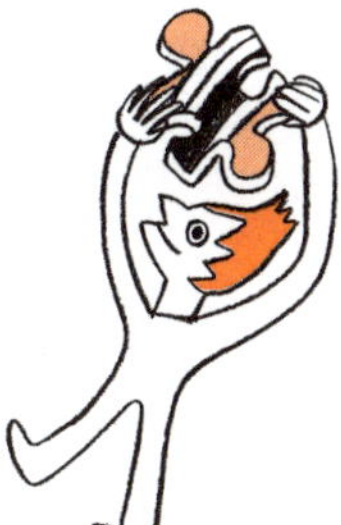

装丁　鈴木大輔（ソウルデザイン）
本文イラスト　丸山誠司

第1章

心の荷物を下ろそう、半分だけ下ろそう

チョコレートケーキと「半分の現実」

たとえば、ここにチョコレートケーキがあるとします。

キミはどんなふうに反応するでしょうか？

チョコレートケーキが大好物だったら、とってもわくわくした気持ちになるでしょう。思わず笑《え》みがこぼれるに違いありません。

でも、そんなキミであっても、もしダイエット中だったらどうでしょう？　美味《おい》しそうなそのケーキは、苦痛の種《たね》にだってなるはずです。

ケーキは大好きだけれども、チョコレートが苦手だったら？　よりによって何でチョコレートケーキなんだ。他のケーキだったら何でもよかったのに……と、キミは自分の不運を恨《うら》むかもしれません。

あるいは、甘いものにまるで興味がなかったなら、きっと、目の前のチョコレートケーキの存在になんか気づきもせずに、キミはあっさり素通りしてしまうことでしょう。

まったく同じチョコレートケーキが七変化して、喜びにもなり、苦痛にもなり、いらだちにもなる。ときには見向きもされない存在にだってなる。

でも、現実のチョコレートケーキは同じもので、まったく変わっていない。

こんなふうに、**キミの在《あ》り方しだい**で、チョコレートケーキが目の前にあるという事態は千変万化《せんぺんばんか》します。

しかし、ボクは「チョコレートケーキはどうでもいい。キミの心こそがすべてだ」などと言いたいのではありません。「すべての現実は心が作り出している」と言う人もいるけれど、ボクはそうは思わない。キミの心の在り方とは関係なく存在している現実は、たしかにあります。いくら都合が悪いからといって、そういう確固たる事実から目をそらしてはいけない。

チョコレートケーキは、ちゃんと触れることもできるし、味わうこともできる。ゆるぎない現実です。

けれども、それは **「半分の現実」** でしかない。

残りの半分は、キミによって決定される。 キミが「どう在るか」によって決まるのです。

外の世界は、キミにとって「半分の現実」にすぎません。キミの心がもう半分の現実を付け加えて、それではじめて現実がトータルに完成する。

「心がすべてだ」と単純に決めつける人は、よく「引き寄せの法則」だなんてことを口にしたがる。心が現実を引き寄せるのだ、と言う。しか

し、現実は引き寄せられるものではありません。**生まれるもの**なのです。

外からやってくる**「与えられた事実」**と、キミという**「内なる事実」**とが出会い、そこにひとつの現実が生まれるのです。

どんなに厳しい出来事も「半分の現実」

そんなことは当たり前なことのようですが、ボクたちはその「当たり前」をつい忘れてしまいがちです。

人生は、ときとして、冷たく意地悪な出来事をもたらします。そんなとき、ボクらは、まるで運命に翻弄《ほんろう》されているようで、自分がとっても弱くて小さな存在だということを痛切に感じてしまいます。

絶望的にもなる。悲観的にもなる。与えられた出来事それ自体が、有無も言わさぬ運命的なもので、自分ではどうしようもない決定的な現実を突きつけられたと思い込んでしまうからです。

でも、もちろんそれは錯覚です。

どんなに厳しい出来事も、あくまでも「半分の現実」にすぎないのだから。

その半分の現実に、キミ自身の「在り方」がもう半分の意味を与える。それによって現実の全体が完成する。かくしてひとつのリアリティが生まれる。

だから、どれほど絶望的な状況にあっても、キミには、**現実の半分をコントロールするパワーが与えられている**ということ。それを忘れてはいけません。

全部をどうにかしようとするから苦しい。すべてが自分の責任だと思うから辛《つら》い。

半分でいいんです。九〇点なんかぜんぜん取らなくていい。五〇点を目指せば十分だし、どんなにがんばったって、人生というテストで五〇点以上を自力で取ることはボクたちにはできないのだから。

恋もケンカも、ひとりじゃできない

人間関係の問題も同じです。

喧嘩《けんか》両成敗《りょうせいばい》などという言葉があります。ケンカはひとりではできない。相手と自分が出会って、そこに関係が生まれる。だから、双方に半分ずつ、責任がある。

恋愛も友情も両成敗。ひとりでは成立しないのだから、関係がまずくなったとしたら、キミにまったく責任がないとは言えないはずです。

しかしまた、すべてがキミの責任だということも、ない。だから、**一〇〇パーセントキミが苦しむ必要はない。**半分だけ反省すればいいのです。「自分にも、半分は落ち度があったかもしれないな」と反省してみればいい。半分でいい。決してそれ以上、自分を責めてはいけません。

半分でいいと言われれば、何だかちょっと素直になれるような気がしませんか?

あるいは、恋愛でも片想いの恋……。

どんなにキミががんばっても、一〇〇パーセント確実に相手の心を射止めるための処方箋《しょほうせん》など、残念ながらどこにも存在しません。

なぜなら、半分の現実は、相手のほうが握っているからです。相手の半分の現実までキミの思い通りにしようだなんて、それは傲慢《ごうまん》にすぎるし、そんなことはできない。そもそも、相手だって、自分の自由や権利を認めてくれない人になんか好意を抱くはずがありません。

しかし、キミはそれでも半分の現実を握っている。

自分でどうにかできる「キミの半分」にベストを尽くす。ボクたちにはどうしたってそれしかできないし、それで十分なんです。

合言葉は「半分だけでいい」

こんなふうに、全部を動かそうとしたり、すべてを変えようだなんて思わずに、「半分だけでいい」と考えてみる。それだけで、気持ちはずっと楽になります。楽になるから、楽観的にもなれるし、行動的にもなれる。

「半分だけでいい」——まるで魔法の言葉のようです。

たとえば、部屋の掃除をしようと思いながら、いつもサボってしまう。

そんなときも、「半分だけでいい」とつぶやいてみてください。

もし部屋を半分だけ掃除するのも大変だと思ったら、半分のそのまた半分でいい。

どこまでもそうやって、半分の半分、そのまた半分……と考えてみる。そうしていくうちに、「まあ、これっぽっちならやってみようか」という気になってくる。

そして、たとえば、「机の上だけ整理しておこう」と行動しはじめれば、勢いもついてくる。「ついでに引き出しの中もちょっと整理するか」という気持ちにもなってくる。

何年もまったく歯が立たなかったことも、「半分でいいんだ」と思っただけで、意外とあっさり一歩を踏み出すことができるものです。

嫌いな人がいる。どうしても許せない。

そんなときも、**「半分だけ、許してあげよう」**とつぶやいてみる。いつもは腹を立ててしまうシーンでも、二回に一回は「しょうがないなぁ、もうこの人ったら」と笑ってみる。

それが無理なら?

そう! 半分の半分、それでもダメならそのまた半分……。四回に一回、あるいは八回に一回、それでもキツければ一六回に一回……。

「まあ、一六回に一回なら、何とかなりそうだなぁ。エステの回数券だって、一〇回分の料金で一回分のおまけがついてくるし……」なんて、そんなリラックスした気分にもなってくるから。

やることなすこと失敗だらけで、ダメな自分にほとほと愛想が尽きても、そんな自分を超えられる自分を信じてあげよう。**半分だけ、信じてあげよう。**

半分が無理なら……？　もう、わかりますね。

なぜ苦しいのかというと、キミは、全部をどうにかしようとしているからです。なぜ辛いのかというと、一〇〇パーセント自分の責任でこなさなくてはならないと思い込んでいるからなのです。

だけど、ひとりの人間の力ですべてを変えることなんかできない。ボクたちは、**「自分の半分」**を努力で作り上げる。そして、残りの半分は、その行き先が見えなかったとしても、ただ運命にゆだねればいい。

それが「生きる」っていうことだと、ボクは思うんです。

THERAPY
01

辛いとき、苦しいとき、
「半分でいいんだ」と、
つぶやいてごらん。
すっと気持ちが軽くなるから。

第2章

一秒前の
自分を超えていこう

「自分のことが嫌い」という言葉の本当の意味

「自分のことが嫌いだ」
――と、もしキミがそんな思いに苦しんでいるなら、その言葉の意味をもう少しだけ突っ込んで考えてみてほしいのです。
キミの言う「嫌いな自分」とは、いったい誰のことだろう？

家族や友だちを傷つけてしまったキミかもしれないし、重要な仕事でミスをしてしまったキミかもしれない。あるいは、失恋してしまったキミかもしれない。

いずれにしても、キミの言う「嫌いな自分」とは、過去の自分です。
昨日までの自分か、あるいは、つい一秒前までの自分です。

だからつまり、「自分のことが嫌いだ」というのは、正確には、「過去

の自分が嫌いだ」という意味になる。

「いや、私はいまの自分も嫌いなんだ」と、きっとキミは言うかもしれません。

でも、過去の自分を嫌っているいまこの瞬間の自分は、過去の自分を超えているということじゃないですか？　そういういまの自分を嫌っているわけではないはずです。

だから、「自分のことが嫌いだ」という思いが胸を締めつけるとき、それはつまり、**「さっきまでの自分」**をキミは嫌っているのであって、「さっきまでの自分を嫌っているいまの自分」を嫌っているわけではない。

屁理屈をこねているようだけれども、この区別をはっきりとつけることは、とっても重要なことなんです。

たとえば、ある小学生がいたとします。その子は、いわゆるいじめっ子だった。先生からいくら注意されても、弱い者いじめをやめようとしない。

ところがある日、自分がいじめた相手の涙を見て、「なんてヒドいことをしてしまったんだろう」と、突然、その子は気づいた。

オレはなんて思いやりのないヤツなんだろう、と自分の残酷さに気づいてショックを受けた。

自分の思いやりのなさに気づけたということは、その子の中に思いやりが生まれたということです。

自分が馬鹿だったと気づけた自分は、馬鹿ではない。

過去のキミ、昨日までのキミ、いや、ほんの一秒前までのキミは、たしかにダメだったかもしれない。でも、そんな**自分のダメさに落ち込んでいるキミは、ダメじゃない。**

ダメじゃない自分がたしかにキミの中にいるからこそ、自分のダメさに気づけるんだから。

「自分を愛してあげましょう」は無責任なアドバイス

よく、「ダメな自分も丸ごと愛してあげましょう」なんて言う人がいる。たしかに、温かくて優しい言葉のように感じられます。

でも、うっかりするとそれは、「ダメな自分をダメだと思えるダメじゃない自分」を殺してしまうことにもなりかねない。

たとえば、ボクたちが環境破壊を憎むのは、よりよい世の中を実現したいと思っているからこそです。怒るのがしんどいからといって、人間のエゴで環境を破壊しつづけることへの憤《いきどお》りを萎《な》えさせて、「まあ、いいじゃないか」なんて気持ちにみんながなってしまったら、ボクたちの未来はどうなってしまうことでしょう。

それと同じで、嫌いな自分のことは、嫌いでいてもいい。

でも、ただ嫌いだと言っているだけでは意味がない。嫌いな自分を超えられることを信じ、そして、諦《あきら》めずに小さな一歩を重ねていけば、それでいい。

だから、「ダメな自分も丸ごと愛してあげましょう」という言葉は、**「過去の自分を乗り越えていける自分を信じてあげましょう」**という意味に解釈すべきだと、ボクは思うんです。

「そんなふうに自分を信じられたらいいのだけれど……」と、キミは思っているに違いありません。

でも、キミは、**自分のことをすでに信じている。**

ただ、それに**気づいていないだけ**なのです。

テストで九〇点を取ったとしましょう。キミはクラスで一番だった。みんなが褒《ほ》めてくれた。でも、今回のテスト範囲は、「この分野だけは誰にも負けない」と思っていた大好きな分野だったのです。一〇〇点が取れると確信していたのです。

キミは、九〇点の答案に喜べるでしょうか？　満足でしょうか？

先生が褒めてくれても、キミは不満です。悔《くや》しくてしかたがないし、つまらないミスをしてしまった自分に腹が立つでしょう。

なぜ九〇点という高得点の答案にキミは喜べないのかというと、自分はもっとデキたはずだということを、キミ自身が知っているからです。

それと同じで、「自分はダメだ」と思えるということは、**自分は本当**

はもっとデキるはずだということを、キミ自身が知っているからです。

失恋して落ち込むのは、「私だって、大好きな人と結ばれて幸せになれるはずだ」と信じているからです。そうでなかったら、フラれても、「やっぱりね……」とあっさり諦められるはずだから。

仕事で失敗してしょげてしまうのは、「私だって、みんなの役に立てるはずだ」と信じているからです。そうでなかったら、「ミスがバレちゃった〜」とペロッと舌を出すだけのことでしょう？

人を傷つけてしまって自己嫌悪に陥《おちい》るのは、その人のことを大切に思っているキミがいるからじゃないですか。大切にしたいと思っている自分がいるからじゃないですか。

自分はダメだと思うキミの気持ちの中にある、**「自分への信頼」**に気づいてほしいんです。

信じるということ

ところで、「信じる」という言葉の意味を、多くの人が誤解しています。

誤解しているから、「あの人のことを信じたのに、裏切られた」なんてことを言って膨《ふく》れている。

しかし、「こっちは信じてやったのだから、相手は期待に応《こた》えてくれなくてはいけない」とキミが言うのなら、キミは「契約」とか「取り決め」をしたのであって、「信じた」のではありません。

「信じる」という言葉を辞書で引いてみると、「まことと思う。正しいとして疑わない」（広辞苑）とあります。

「証拠を見せれば信じてやる」というのであれば、それは相手を信じたのでなくて、証拠を信じたのです。「結果を出せば信じてやる」というのであれば、結果を信じたのであって、相手を信じたのではありません。証拠や結果というのは、疑いようもない「事実」です。事実を認めるということは、信じるということではありません。

誰かを信じるのに、根拠はいらない。 担保《たんぽ》もいらない。保証もいらない。ただ、信じる。それが信じるということ。だから、信じるというのは大変なことだし、尊《とうと》いことなんです。

以前にボクは尊敬する先生から、こういうことを教わりました。**「裏切られても信じ続けることが、信じるということなのだ」**と。

自分を信じる、ということも同じです。

キミは、自分の信頼に応えられなくたってかまわないんです。信じるということは、それ自体に価値があることだからです。

大切なのは、「自分を信じる」ということそのものであって、自分と契約することではない。自分と取引をすることではない。

どんなにダメな自分でも、まず、信じてあげる。どうあっても、信じてあげる。そういう気持ちが、まず、ある。

そして、現実は、そのあとから少しずつ、ほんの少しずつでもついてくればいいいんです。

八万六四〇〇回のチャンス

川の水は流れています。

だから、昨日見た四万十川《しまんとがわ》と、今日見ている四万十川は、まったく別のものであるはずです。「四万十川」という名前で呼べば、何か、ひとつの物理的な川が存在しているかのように考えてしまう。しかし、それは錯覚です。実際には、一瞬一瞬、新しい水が流れているのだから、

「四万十川」という固定的な川など、どこにも存在しない。
どんなに歴史の古い川も、常に新しい。

キミも同じ。昨日までのキミ——いや、ほんの一秒前のキミだってもう存在しない。

身体は、毎日新陳代謝を繰り返している。一カ月前のキミの肌細胞は、すべて入れ替わっている。それどころか、七年も経《た》てば、身体中の細胞はすっかり生まれ変わってしまう。七年前のキミの身体は、もうどこにもないのです。

形のある身体ですらそうなのだから、形のない心はもっと自由に変われるはずじゃないですか。

それなのに、キミは、昨日の自分がまだ続いていると思っている。一秒前の自分がまだここにいると思い込んでいる。

一秒ごとにボクたちは、考え、感じ、行動し、経験する。川のように常に流れている。心だって、一瞬一瞬、生まれ変わっているんです。さっきまでの自分を好きになれないのなら、それでいい。この新たな一秒で、さっきまでのキミを超えていけばいい。

ボクたちは、**一秒ごとに新しい自分**なのです。

ということは、**一秒ごとに成長のチャンスがある**ということです。

一日、二四時間——八万六四〇〇秒。ボクたちには、毎日、八万六四〇〇回の成長のチャンスが訪れているんです。

THERAPY
02

「自分が嫌い」という思いが浮かんだら、
「さっきまでの自分が嫌い」と
言い換えてごらん。
成長したいという勇気が湧《わ》いてくるから。

第3章

人といても孤独なとき

一緒にいるけど、一緒にいない

キミもよく知っているとおり、アニメーションを制作するのに、「セル画」と呼ばれるものを使います。セルというのは、透明なシートのことで、そこにキャラクターの絵が描かれます。

何十枚、何百枚ものセルに、人物の動きを少しずつ変えた絵を描いていく。それを連続でパラパラやれば、人物がリアルに動いているように見えるというわけです。

紙に描かれた背景の上に、それらのセル画を順番に載せてワンカットずつ撮影すると、人物が背景の中で生きているように動いている動画ができる。

最近ではアニメ制作もデジタル化されて、セルを使わないことのほうが多いのかもしれません。それに、ボクはアニメについてはまったくの門外漢《もんがいかん》だから、かなり雑な説明になっていたり、場合によったら間違っているところがあるかもしれないけれど、そこは大きな心で許してください。

さて、空き地で、のび太とジャイアンが話をしているシーンのひと、、、コマがあるとしましょう。

背景の空き地の絵の上に、のび太が描かれたセル画と、ジャイアンが描かれたセル画を重ねます（正確には、のび太もジャイアンも、それぞれ、動きのある身体のパーツごとに複数のセル画に分割されているのかもしれないけれども、ここでは説明の便宜上、のび太は一枚のセル画に、ジャイアンは別のもう一枚のセル画に描かれているとします）。

これらのセル画を上から見ると、のび太とジャイアンが空き地に一緒にいるように見える。たしかに、そう見えます。

でも実際には、のび太とジャイアンは、それぞれ**別のセル画**に描かれています。セル画のレベルでは、ふたりは同じ場所にはいない。さすがのジャイアンも、のび太に指一本触れることはできないのです。

どうしてこんなアニメの話なんかを持ち出したのかというと、**「心」というやつも、じつはセル画のようなもの**だということを言いたいからなんです。

心は「セル画」に描かれる

誰かと話をしているとき、会話はちゃんと成立しているし、とてもいい雰囲気で仲良く話してはいるのだけれど、何だか相手と心が通じていないような気がする……。そんな経験がキミにもあるはずです。

一緒にいても、笑顔を交わしていても、どこか孤独を感じる。物理的には同じ場所に存在していても、お互いがぜんぜん別の次元にいるような感覚。

その状況はまるで、上から見ると同じ空き地にいるようでも、実際には別々のセル画に描かれている登場人物たちに似てはいないでしょうか?

身体の居場所と心の居場所は同じ場所ではない。その関係は、出来上がったアニメのひとコマと、そのコマを構成するセル画との関係に似ています。

身体の居場所は、物理的なものです。キミとその人が一緒に物理的に同じ場所にいるという事実は、背景の絵とすべてのセル画を重ねたものを上から見ている状態にたとえられるでしょう。

ところが、そうやって重ねたセル画を、上から見るのではなくて、横から眺《なが》めてみる。すると、お互いの心の居場所が見えてくるのです。

キミとその人は、上から見れば、同じ空き地にいるようでも、横から見たら別々のシート上に存在しているかもしれない。

これは決定的な違いです。重ねたセル画を上から見たときに一緒の場所にいるからといって、一枚の同じセルの上に一緒にいるとは限りません。それと同じで、身体が一緒にいるからといって、**心も一緒にいるとは限らない。**ふたりの心が同じ場所にいるためには、一枚の同じセルの上に描かれていなくてはならないのです。

だから、自分とは違うセルにいる誰かに話しかけても、相手の頭には届くけれども、心にまでは届かない。表面的で事務的なコミュニケーションなら問題なくできる。けれども、お互いの心が触れ合う会話はでき

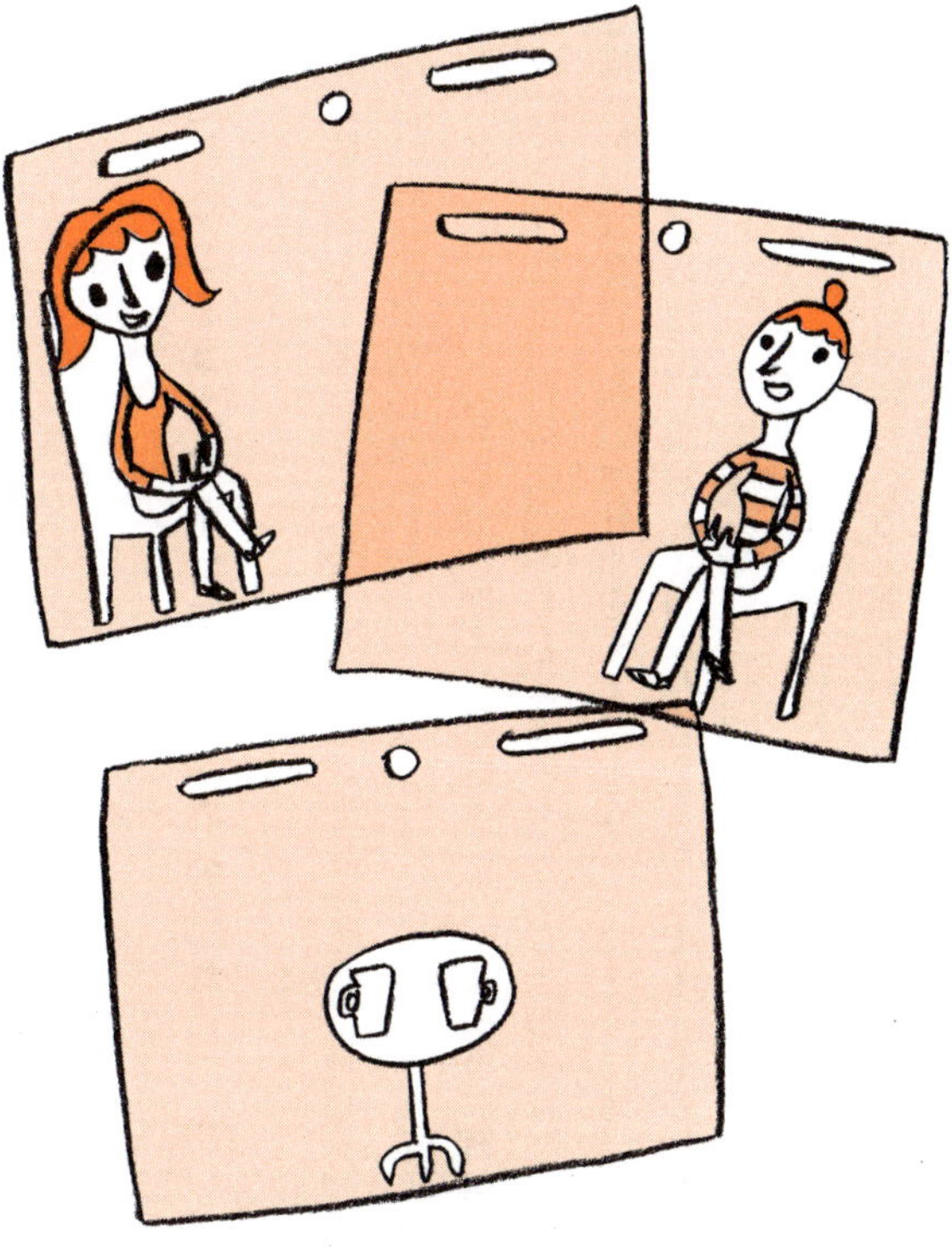

ないのです。

ただのコミュニケーションか、心の触れ合いか

たとえば、キミがどうしてもやりたくないと思っている仕事を、上司がなんとかやらせようと説得してくる。上司は、「この仕事をやらせることありき」で、キミの言い分を聞くには聞くが、いっこうに理解しようとはしてくれない。上司は、キミとは別のセルからものを言っているのです。結局はキミが折れて仕事をやることになったとしても、それは力関係の結果であって、決して、わかり合えたからでも、心が通じたからでもありません。

では、相手と同じセルにいるときというのは、どんな場合でしょう?

キミは、来月のパーティーに着ていく素敵な服を買おうと思っています。店員のほうも、ぜひキミがパーティーで輝くような服を提供したいと思っている。そんなとき、ふたりは同じセルの上にいます。だから、ふたりの関係は、ただのショッピングではなく、心と心の触れ合いになるのです。

利害関係のことを言っているのではありません。その店にはキミに似合う服がなくて、残念ながらキミのニーズに応《こた》えてくれなかったとしても、親身になって考えてくれたその店員の心は、たしかにキミの心に触れているはずです。

だから、お互いのニーズが一致するかどうかが問題なのではなくて、**心が同じ場所にいるかどうか**が問題なのです。

身体が同じ場所にいるからといって、心も一緒にいるとは限りません。

「そんなことは言われなくてもわかっている」と、キミは思うかもしれません。でも、目の前にいる相手に話をしさえすれば、心も伝わるんだと、ついついボクらは安易に思い込んでしまいがちです。

話し合えば伝わる、とよく人は言う。でも、お互いが別々のセルの上にいる限り、どんなに言葉を尽くしても、相手の心には届かないのです。

つまり、相手の心に何かを伝えたかったら、「何よりも先に、まず、相手の心と、キミの心が同じセル画の上に乗らなくてはならない」ということなのです。

相手と同じセル画に乗ること。それを、ボクらセラピストは**「ラポールを築く」**と呼んでいます。

お爺さんとお婆さんの古い家

「ラポール」とは「信頼関係」のことだと説明されることが多いのです。しかし、昔の本を見ると、**「精神感応」**と訳されています。こちらのほうがニュアンスとして近いようにボクは思います。

要するに、**心と心が感じ合うこと。**理屈じゃなくて、すっと感じ合える心の状態のことなんです。

ところで、ボクの家はわりと下町のほうにあります。路地を入ると、古い木造の民家がけっこう残っています。

もう何年も前になりますが、そんな中に、老夫婦がふたりで暮らしている一階建てのつつましい家がありました。ふたりとも、九十歳をすぎていたんじゃないかと思います。

毎朝、お爺さんは自転車に乗って出かけるんです。あの年でまだ仕事をしているのでしょうか。小さな荷物を載せた自転車を、頑固《がんこ》なしかめっ面のままよろよろ漕《こ》ぎながら、出かけていくんです。

ボクは、ちょうどそのタイミングで、その家の前を通ることがよくありました。

ドアが開いたままの玄関をちらっと覗《のぞ》くと、いつも、お婆さんが正座をして頭を下げている。あれが「三つ指をつく」というやつでしょうか。

お爺さんの自転車が無事に出ていくまで、じっと玄関に正座をしたまま見送っている。ふたりの間に、言葉はありません。

お婆さんはお爺さんの無事を祈り、お爺さんはお婆さんのために今日も重い自転車を漕いで仕事に行く。何も言わなくても、通じ合っている。

これがラポールなんだな、とボクは思いました。このお爺さんとお婆さんは、同じセル画の中に描かれているに違いない、と。

この光景を見ただけで、いつもボクは幸せな気持ちになりました。だから、駅に向かうとき、わざわざちょっと遠回りをしてその老夫婦の家の前を通ったものです。

あの老夫婦の家は、いまはもう取り壊されてしまったけれど、ボクの心の中にはいまでも生きているんです。

ラポールを築くにはどうしたらいいか？　相手と同じセル画に乗るにはどうしたらいいか？

簡単に言えば、「自分がどうしたいか」とか「自分はどう思うか」ということはとりあえず置いておいて、**「相手の心」に耳を澄ましてみる、**いや、**心を澄ましてみる**ことなんです。

さっき例に挙げた店員は、キミにはどんな服が似合うだろうということに心を傾けてくれました。店としてどれを売りたいかとか、自分はどんな服が好きかだとか、そういうことは置いておいて、ただひたすらにキミが喜んでくれる服を探そうとしてくれたのです。

自分がどう思うかはどうでもいい。相手のことを「わかってあげたい」と思えたときに、キミは、気づかないうちに、すっと相手のいるセルの上に移動しているのです。

わかってあげたい

だからキミが孤独なら、どんなにたくさんの人の中にいても寂しい気持ちを感じてしまうのなら、キミにできることは、相手を「わかってあげたい」という気持ちになること。それしかありません。

「誰も私のことをわかってくれない」と嘆《なげ》けば嘆くほど、キミは孤独になっていきます。

自分のことはとりあえず置いておいて、**「あの人のことをわかってあげたい」**と思ってみてください。それだけで、キミの心は、その人のいるセルへとシフトできます。同じセルにいれば、心はつながる。心と心が触れ合えば、それは、優しく、温かく、キミの孤独を癒《いや》してくれる。

ボクの話を「わかってあげよう」と、本書を一生懸命に読んでくれているキミは、だから、すでにボクのセル画の中に、ボクと共にいるのです。

これだけコミュニケーションの手段が豊富な時代にあっても、孤独に悲しんで自殺してしまう人が後を絶《た》ちません。

物理的な交流がどんなに盛んになっても、心と心の触れ合いが失われてきているからだと思うのです。それは、みんなが、「私のことをわかってほしい」と思っているからです。自分のことをわかってもらう前に、まず相手のことをわかってあげたいと思う人が、本当に少ないからです。

どんなコミュニティに参加しても、勇気を出してパーティーに参加しても、「わかってほしい」と思うだけで、**「わかってあげたい」という気持ちになれなければ、キミはどこまでも孤独です。**

世の中には、たしかに、意地悪で冷たい風が吹いています。孤独に苦しんでいるのは、キミだけではありません。そんな孤独なみんなが、キミという一枚のセル画に、あふれるほどたくさん集まってくれることを、ボクは祈っています。

THERAPY
03

人の中にいて孤独を感じたら、
「わかってもらえない」と嘆く前に、
「わかってあげたい」とつぶやいてごらん。
みんな本当は孤独で、
誰かにわかってほしいと
思っているんだから。

第4章

逃げ方を学ぼう

靴に合わせて足を変えようとしていないか？

どんなに自分に合う靴を選んでも、買ってすぐのときは、完全には足に馴染《なじ》んではくれません。履《は》いているうちに、だんだんとフィットしてくる。足の形だけではなくて、重心のかけ方とか、歩き方の癖とか、そういったキミの特徴に靴のほうが合わせてくれるようになります。

でも、もし新しい靴に、キミのほうが合わせなくちゃいけないとしたらどうでしょうか？　履いているうちに、靴に合わせて、キミがキミの足の形とか、重心のかけ方とか、歩き方の癖を変えなくてはいけないとしたら、それはずいぶんおかしな話だと思いませんか？

キミが履くために買った靴なのに、キミのほうが靴のご機嫌《きげん》をとってコントロールされなくてはいけないとしたら、立場が逆になってしまっています。

もっとも、「いつもスニーカーばかりだから、ハイヒールにもチャレンジして大人の女性のかっこいい歩き方を身につけたい」というような場合なら話は別でしょうけれど、普通は靴のほうがキミに合わせるのが当たり前です。

靴の例ならわかりやすいのだけれど、これが目に見えない心の問題になると、話はちょっと微妙になってきます。

キミは、知らず知らずのうちに、あたかも靴に自分の足を合わせようと苦しんでいるような、そんな生き方をしてしまってはいないでしょうか？

逃げるのは悪いこと?

ボクの知り合いに、こんな人がいます。

「いまの仕事が嫌いで、辛《つら》くて、苦しくてしかたがない」と言う。「同僚も、客も、みんな嫌《いや》なヤツばかりだ。仕事の内容も法律ぎりぎりの詐《さ》欺《ぎ》まがいのもので、誇りがもてない。自分のこともどんどん嫌いになっていく」と言う。

「だったら、辞《や》めたらいいじゃない?」とボクが言うと、目をまん丸くして、「それは、逃げるようで嫌だ」と答えるのです。

それで、いまでもまだ同じ仕事をしている。

大嫌いで、軽蔑《けいべつ》して、心から憎んでいるその職場に、その人は、**自分を合わせようとしている**のです。

どう考えても足に合わない靴をがんばって履いて足をいじめている。足が血だらけになったり、骨が歪《ゆが》んだりしても、別の靴に履き替えるのは逃げるようで嫌だと言っている。いつか自分の足の形が変わって、靴に足がフィットするようになるに違いないと思っている。

同じような愚《おろ》かなことをしているのに、それに気づかない。

「愚か」といまボクは言いましたが、その人を馬鹿にしているわけではありません。悪いのはその人ではないと、ボクは思っています。

悪いのは、昨今の、**雰囲気だけの「ポジティブ思考」**だと思うのです。

ポジティブ病の弊害

ろくに考えもしないで「諦《あきら》めるな！」「がんばれ！」などと言う人が

多い。多すぎる。ポジティブ病とでもいうか、言っている本人はその言葉に酔っているのだから始末に負えない。

大切なのは、「がんばることそのもの」ではなくて、**「何のためにがんばるか」**ということではないでしょうか？

「甲子園出場」のためにがんばっているのなら、練習がどんなに辛くても、いや、辛ければ辛いほど、がんばることは喜びにもなるでしょう。大きな充実感もあるでしょう。

「愛する人の笑顔」のためにがんばっているのなら、苦しいときも、その笑顔を思い出すことで耐えられる。そして、その人の笑顔を見たとき、それまでの苦しみは報《むく》われることでしょう。

しかし、「何のために」がひとつもなかったら、がんばることに何の価値があるのでしょうか？　どこに充実感があるのでしょうか？　どうして報われることがあるのでしょうか？

ポジティブ病の人たちは、「何を目指してがんばるのか」ということは考えもせず、ただ、諦めるなと言う。ただ、がんばれと言う。「靴が合わなくても、がんばって履いていれば、そのうち足が麻痺《まひ》して痛くなくなるから」とでも思っているのでしょう。

ボクたちは、子どものころから、「がんばり方」を教わってきました。でも、「逃げ方」を教えてくれた大人がいたでしょうか？　辛いときに、どうしてもダメなときに、どうやって逃げたらいいかを教えてくれた人がいたでしょうか？

きっと、ほとんどいなかったに違いありません。

その結果、追い詰められて、いよいよダメだというときに、自殺することしか思い浮かばない人たちが増えている。逃げ方を知らないからです。逃げるという選択肢が、まったく許されないような考え方に洗脳されてしまっているからです。

だから、ボクはキミに正しい「逃げ方」を教えたいのです。

環境を作るということ

他人は、キミに合った環境を用意してくれはしません。いいですか？キミには、**自分の環境を自分で作り上げていく責任**があります。

環境が悪いなら、自分から積極的に働きかけて、環境を少しずつでもいいものにしていく努力をしなくてはならない。

そのためには、ときとして、辛い決断をしなくてはならないこともあるのです。

付き合っている友だちがキミをダメにするなら、キミはその友だちから去らなくてはならない。職場が、キミをダメにするなら、キミはその職場を捨てなくてはならない。

寂しいことです。苦しいことです。でも、自分の環境を作るというのは、楽しいことばかりではありません。

しかし、区別しなくてはならないのは、「わがままで逃げるのと、自分の環境を作るために逃げるのとは違う」ということ。「怠《なま》けて逃げるのと、自分の環境を作るために逃げるのとは違う」のです。

遠慮なく逃げていい。

ただし、ただ嫌だから逃げるというのではダメです。**「何に向かって逃げるのか」**ということを、自分の中ではっきりとさせておくこと。

「何から逃げるのか」ではない。「何に向かって逃げるのか」ということが大切なのです。

「この友だちとは気が合わないから逃げよう」というのではなく、たとえば、「もっと明るい希望のある友だち関係に向かって逃げよう」と考えてみる。

「いまの職場が退屈だから逃げよう」というのではいけない。「もっと将来につながる仕事ができる職場に向かって逃げよう」と考えてみる。できれば、もっと具体的に「司法書士の資格を取りたいから、そういう勉強のできるような職場に向かって逃げよう」というように考えられたらなおいい。

「いじめられるから学校から逃げよう」と考えるのではなく、「自分の尊厳を守ってくれるような学校に向かって逃げよう」と考えてみる。いまのクラスには参加しないという行動そのものは同じでも、いじけた気持ちにならずに、前向きに考えることができるはずです。

自分の環境を自分で作り上げていくためには、もちろん我慢も必要です。でも、**我慢のための我慢では意味がない。**自分にとって間違いなくマイナスになる環境なのに、文句を言いながらもそれを変えようとしない姿勢は、がんばっているというよりも、むしろ怠慢《たいまん》な態度なのではないでしょうか?

どうしてもこの場所では無理だと思ったら、「逃げる勇気」もキミには必要なのです。

仕事にしても、キミは、**やりがいを感じられる仕事をすべきです。**好きな仕事をすべきです。でも、それができるためには、環境を他人任《まか》せにしていてはいけない。好きな仕事ができる環境は自分自身が作っていくのだという覚悟をしなくてはなりません。責任を負わなくてはなりません。

「そんな、自分の好きなことをやって生活できるはずがない」と、言う人がいます。

でも、好きなことをやって生活が成り立たないのに、なぜ嫌いなことをやって生活が成り立つと思うのでしょうか？

そういうことを言う人たちは、「足にフィットした気持ちいい靴なんかを履いて、まともに歩けるはずがない」と、きっと思っているに違いありません。

THERAPY 04

「嫌なことから逃げる」

と考えるのではなく、

「よりよいことに向かって逃げる」

と考えてごらん。

逃げる自分も前向きな自分なのだ
と感じられるはず。

第5章

誹《ひ》謗《ぼう》中《ちゆう》傷《しよう》に
負けないために

褒《ほ》めるのは難しい

人を褒めるのは、じつはとても難しいことなのです。

たとえば、誰かに「いつもお元気そうですね」と言ったとします。キミとしては、「いつも溌剌《はつらつ》として素敵ですね」と褒めたつもりだったのです。しかし、相手は、「なんか、能天気で何も考えてないみたいじゃないか」と受け取るかもしれません。あるいは、何か辛《つら》いことがあって、ここのところ眠れない夜が続いていて、内心イライラしていたところに、「いつもお元気そうですね」などと言われたのなら、その人は神経を逆《さか》なでされることでしょう。

褒めたつもりだったのに、逆に相手を不愉快にさせてしまったという苦《にが》い経験は、キミにも一度くらいはあるかもしれません。反対に、キミ自身が、誰かに褒められてかえって嫌《いや》な気分になったということだって、過去にあったかもしれない。

まあ、そこまで大きく意図がすれ違うことは、めったにないことでしょう。「いつもお元気そうですね」と言われれば、普通は悪い気はしません。

しかしまた、飛び上がるほど喜んでもらえるということもなかなかない。褒め言葉といっても、社交辞令としてさらっと流されてしまうことのほうが多いでしょう。

だから、本当に相手に喜んでもらえるように褒めるというのは、とっても難しいことなのです。

難しいからこそ、適切に褒めることができたときには、その効果は絶大なわけです。

職場に、とても目立たない同僚がいたとします。

「そういえば、あの人が遅刻してくるところなんか見たことがないな。いや、それどころか、出社してくるところも見たことがない。いつも、いつの間にかちゃんと席にいる」ということにキミは気づきました。周りの人にそれとなく聞いてみると、どうやらその人は、毎朝、誰よりも早く会社に来ているらしいのです。

一番に出勤してきて、窓を開けて空気を入れ替え、掃除をして、ＯＡ機器の電源を入れ、コーヒーを沸《わ》かしてくれているらしいのです。

ところが、なにしろ誰よりも早く会社に出てくるものだから、その人のそういう心遣いを知っている人はあまりいない。キミも、いままでまったく知りませんでした。

その目立たない人に興味をもって観察しているうちに、キミは、その人のもっている価値観のようなものがだんだんわかってきました。その人は、「自分が目立つことよりも、みんなの力になりたい」という思い

がとても強い人なのだということがわかってきたのです。

そんなその人に、キミが、「毎朝の○○さんの気遣いのおかげで、いつもみんな笑顔で気持ちよく仕事ができます。私も、○○さんみたいに、みんなから必要とされる人になりたいな」と声をかけてあげました。その人は、とっても感激して、これまで見せたことのないほどの極上の笑顔で喜んでくれました。

その人にとっては、まさにツボにはまった最高の褒め言葉だったに違いありません。キミの言葉は、相手を心から幸せな気持ちにしてあげることができたのです。

そういう褒め方ができるのは、キミが、**相手に気持ちを向けたから**です。興味をもってあげたからです。

気持ちを向けたから、その人がみんなのために毎朝してくれていることを知ることができたのです。興味をもってあげたからこそ、どういうふうに褒めてあげたら喜んでくれる人なのかもわかったのです。

そうでなければ、せいぜい「おとなしくてまじめな人ですね」というくらいの褒め方しかできなかったことでしょう。

相手をよく観察していないと、上手に褒めるポイントはなかなか見つからないものです。相手の性格や心の状態をしっかり見極めて、その人に合った褒め方を工夫しないと、勘所《かんどころ》をおさえた褒め言葉は決して出てこない。

これは大変なことです。難しいことです。本当に相手のことを大切に思っていなければ、なかなかできることではありません。

一方、**けなすことはあっけないくらい簡単です。**

「お前は馬鹿だ」と言われれば、どんな人でも腹が立ったり、傷ついたり、不愉快になったりします。

けなすためには、工夫なんかいらない。相手の性格を見極めたり、相手を観察したりしなくても、ありがちな「けなし言葉」で、すぐに相手を嫌な気分にさせることができます。

だから、どんなに頭の悪い人でも、他人をけなすことなら簡単にできます。想像力やクリエイティブな感性なんかぜんぜんなくても、人をけなすことは誰にでもインスタントにできるのです。

誹謗中傷《ひぼうちゅうしょう》とクリエイティビティ

キミが不愉快な思いをしたり、傷ついたりするような誹謗中傷をする人がいたとします。

その言葉を聞いたり、あるいはネットで目にしたときに、きっとキミはひどくショックを受けることでしょう。
　その人の言うことの中にも、少しは真実があるのかもしれません。でも、キミのためを思って言ってくれた苦言であれば、同じ内容のことを言われてもそれほど傷つきはしないはずです。キミを傷つけるのは、その内容ではなくて、**その言葉に込められた「悪意」**ではないでしょうか？

　昔、ある女性が、「私も、かっこいい白い服を買いたいのだけれど、白は汚れやすいからなあ」と言ったので、ボクは、「何色の服だって同じように汚れるよ。白は、汚れやすいんじゃなくって、汚れが目立ちやすいだけだよ」と笑いました。当たり前すぎることを言っただけなのに、何かがストンと腑《ふ》に落ちたらしくて、彼女はとても感激していました。

それと同じように、キミのように心正しき人は、誰かたったひとりから悪意を向けられただけでも、まるで世界中から自分が憎まれているような錯覚に陥《おちい》って、それで大きなショックを受けてしまうのです。キミの心はいわば白い服だから、ちょっとした汚れも大げさに目立ってしまうのです。

だから、心ない中傷に、純粋なキミが傷つくのは、無理からぬことです。

しかし、無理もないといって終わらせてしまうわけにはいきません。ネットで中傷されたことを苦にして、韓国の有名女優が自殺したというニュースは、まだ記憶に新しいと思います。そんな時代ですから、ボクたちは、**心ない悪意から自分の心を守る方法**を知っていなくてはなりません。

さっきボクが話したことを思い出してください。人を褒めるのはとても難しいことで、創造力や観察力や頭のよさが求められるけれども、人をけなすのにはセンスもなにもいらない。それこそ馬鹿にでもできる簡単なことなのだという話をしました。

その人は、鬼の首をとったかのようにキミのことを批判し、キミを傷つける言葉を得意気にばらまきますが、それらは、その人が発想した言葉ではないのです。どこかからもってきた言葉なのです。誰かのマネであったり、何かで読んだセリフなのです。

なぜなら、誹謗中傷が好きな人というのは、自分でオリジナルの言葉を考える創造力、クリエイティビティがないからです。

本当にクリエイティブな人は、人を批判するような言葉をほとんど口にしません。なぜなら、**「けなす言葉には創造性がない」**ということをよく知っているからです。馬鹿にでも言えるような陳腐《ちんぷ》なけなし言葉など、恥ずかしくて口になんかできない。クリエイティブな人はそう考えているのです。

だから、人をけなす言葉というのは、たいてい似たりよったりの文句です。似たりよったりの言葉だから、聞いているうちにこちらも慣れてきます。最初のうちこそ、ショックを受けたり、傷ついたりしますが、繰り返しけなされているうちに、免疫ができてきます。

そして、こちらが黙っていたり、ネットでの中傷の書き込みなど見ないようにしていると、そのうち相手のほうが息が切れてきます。言葉を創造することができないので、ネタが尽きてしまうのです。

悪口を言う人の心の正体

誰にとっても、無視されることほど辛いことはありません。褒めてもらえないのなら、せめて悪口でも言われたい。まったく相手にされないよりは、叱《しか》られたほうがましだ。そういうところは、誰にでもあると思います。

子どもでも、親の注意を自分に向けるために、わざとトラブルを起こしたりすることがあります。恋人同士でも、相手の気持ちが離れているのではないかと不安になると、わざと悪態をついて嫌われるようなことをします。

馬鹿げているとわかっていても、ついそういうことをやってしまうのが人間です。

それほど、人から相手にされないということは辛いことなのです。

この、「褒めてもらえないなら、せめて悪口を言われたい」という心理をひっくり返して考えてみると、他人を中傷する人の心の正体が見えてきます。

人を褒めるだけのクリエイティビティが自分にないことを知っているから、**せめて、どぎつい悪口で他人を不愉快にさせることで、自分の存在を主張したい。**

先ほど説明したように、悪口には決して独創性はありません。だから、それは本当は「疑似クリエイティビティ」なのですが、誹謗中傷を口にしているときは、あたかも自分が創造力のある人間だと錯覚することができるのです。自分はとても独創的な観点で批判しているのだと思い込んで、一時的にでもいい気持ちになれるのです。

だから、他人の批判ばかりしている人も、心の深いところでは、「自分も本当はクリエイティブでありたい」と望んでいるのです。その望みが、歪《ゆが》んだ形で表現されてしまっているのです。

しかし、他人の欠点を責める態度の中には、創造性は決して宿りません。

「私はどんな悪口を言われているんだろう……」

それはたしかに気になると思います。しかし、どんなに心が騒いでも、**自分に対する誹謗中傷には目や耳を貸さない**という覚悟を決めること。

そして、そのぶん、人をけなすよりもずっと難しい**「人を褒める」**ということに心のエネルギーを注いでください。それはキミのクリエイティビティを高めてくれます。

それは、向けられた悪意を、**自分の中で善意に変容させる**ことになります。つまり、受け取った悪意を、悪意のまま別の人へと連鎖させていくのではなくて、悪意（中傷）を、キミの心の中でいわば「浄化」し、善意（褒め言葉）に変えて人に広めていくということ。

これ以上にクリエイティブな心の在《あ》り方があるでしょうか？

これこそが悪意に対するもっとも正しい姿勢だと、ボクは思うのです。

THERAPY

05

傷つけられた言葉の数だけ、
人を喜ばせる褒め言葉を考えてみてごらん。
悪意に勝つ唯一の方法は、
それを善意に変えて
世の中に還元することなのだから。

第6章

何をやってもダメな自分に

心を向けないと、何も見えてこない

誰かと一緒にいるときに、ボクはこんな「実験」をしてみることがあります。

「あなたの背後の壁に時計がかかっていますが、その時計で時間を確認するのに、何秒くらいかかりますか?」と訊《き》いてみる。すると、「まあ、一秒もあれば十分でしょう」と相手は答えます。

そこで、「それじゃあ、だいたい五秒くらいかけてじっくり時間をチェックしてください」とお願いすると、その人は、怪訝《けげん》な顔をしながら身体をひねって壁の時計を見ます。五秒というのは、けっこう長いものです。

やがて向き直った相手に、「どこのメーカーの時計でしたか?」とボクは訊きます。するとその人は、まったく答えられないのです。

その時計の文字盤には、見間違えようもないほどはっきりとSEIKOのロゴが刻印されているのです。肉体の目はたしかにそれを見ていたはずなのに、心の目は見ていなかったのです。

逆に、「背後の壁の時計は、どこのメーカーかチェックしてみてください」と頼んだとしたら、SEIKOとは答えられても、何時だったかは見過ごしてしまったことでしょう。

心を向けないと、本当は何も見えてこないのです。

「ないもの」にばかり気持ちがいってしまう

ボクたちは、普段の生活の中で、とかく「ないもの」にばかり気持ちがいってしまいがちです。あれがない、これがないと、足《た》りないものや手に入らないもののことばかりが気になってしまいます。

「あれがほしいなあ」と思っているうちは、そのことに気持ちが向いています。しかし、いったんそれが手に入ると、そこから心が離れてしまう。「今度はあれもほしいなあ」と別のものに興味が移ってしまいます。

がんばって何かを手に入れる努力はしても、**手に入れたものをじっくり味わうという努力**を、ボクたちはあまりしようとしません。心を向けようとはしません。

そうしているうちに、いったい何のためにあくせくしているのかわからなくなってきます。車輪の中を走るネズミのようになってしまう。

これは、モノに限りません。仕事でも習い事でもスポーツでも、「あれができるようになれたらいいなあ」と思ってボクたちはがんばります。そして、やがてそれができるようになります。そうすると、もうそれが当たり前になってしまって、そのことを忘れてしまいます。心が離れてしまいます。

ほんの数年前のことを考えてみれば、いまはもうびっくりするぐらいたくさんのことができるようになったのに、**「できない自分」「満たされない自分」ばかりに気持ちがいってしまう。**そういうところが、もしかしたらキミにもあるかもしれません。

キミは、たしかにたくさんのことを成し遂げてきました。いくつものできないことを、できることに変えてきたし、わからなかったことも、ずいぶんわかるようになった。

「でも、私は何も達成していないし、少しも成長していない……」と、もしキミが思うとしたら、それはキミが、**「ないもの」ばかりに気持ちを向けてしまっている**からです。自分がもっているものに本当に心を向けていないからです。


心を向けないから、見えてこないのです。

味わってみようとしないから、感じられないのです。

問題は対人緊張ではない

いわゆる「対人緊張」のクライアントがいました。

「どんな人と会うと緊張してしまうのですか？」と訊くと、「どんな人でもダメです。十人中十人、ダメです」と言う。

それで、翌週にまた来てくれたときに、調子はどうかと訊いてみると、「まだ、十人中、七人か八人です」と、がっかりしたように首を横に振る。

「先週までは十人中十人ダメだったのに、たった一週間で七人か八人にまで減ったのだからすごいことじゃないですか」とボクは言いました。

すると、その人は、浮かない顔をしてこう答えたのです。

「いや、そうじゃなくて、七、八人は平気になったんです。でもまだ緊張してしまう人が二、三人いるので……」


このクライアントの問題は、対人緊張というよりも、「ないもの」にばかり気持ちがいってしまうというところにあるのです。

「緊張しているのに気づかれて、笑われたらどうしよう」「緊張しすぎて、しゃべれなくなったらどうしよう」などと、実際には起こってもいない事態を予測しては不安になる。昼食を食べていても、「ひょっとすると、店の人は、私が食い逃げをすると思っているんじゃないだろうか?」などと考えてしまって緊張するから、かえって挙動不審になってしまう。

一週間で七〇パーセントも八〇パーセントも自分の問題を克服したのに、そういう**成果をあげた自分を褒《ほ》めてあげる**ことができない。味わうことができない。

このクライアントのように、「ないもの」にばかり気持ちがいってしまうと、自分がどれほどのことを達成したのか、どれだけ成長したのかということを、正しく評価できなくなってしまうのです。

しかしこれは、このクライアントだけの問題ではありません。ボクたちにはみんな、そういうところがあります。

お粥《かゆ》の歯応え

ボクは、昔、二週間近くずっと寝込んでしまうような病気をしたことがあります。

仕事にも行けないから、不安やいらだちが募《つの》ってくる。横になっていても、ずっと身体の痛みが消えない。ちょっと眠りかけても、痛みですぐに目が覚めてしまいます。

そして、食べ物を口に入れると激痛が走る。信じられないくらい痛いのです。だから、固形物は食べられない。しかし、食欲はあるのです。お腹は空《す》いているのです。でも、食べられない。これはなかなか辛いことです。

少し調子が戻ってきたときに、痛みに耐えながら、お粥を食べてみました。お粥を固形物と呼んでいいかどうか微妙ですが、いずれにしても、久しぶりの「食べ物」でした。ボクは、「おお、なんと重厚な歯応えだ！」と感激しました。

お粥に歯応えを感じるなど、ちょっとおかしな感じがしますが、そのくらいお粥に心を向けることができたということです。

ところが元気になると、食べることにそんなふうに丁寧に気持ちを向けることができなくなります。ましてお粥になど、見向きもしなくなります。

そういうところが、ボクにもあります。人間には、みんなあると思います。

それは、人生が、「まだないもの」に向けて常に一歩前進するようにボクたちを駆り立てるからです。

だからこそ、自分に「あるもの」をじっくり心で味わうということは、意識して練習しなければ、なかなかできるようにはならないものなのです。

あこがれ手帳

ボクは毎年、手帳を新しくするたびに、その最初のページに、「こういう自分になりたい」と思うことをリストアップして書き出しています。

よくある、「今年中にこの目標をかなえる！」というような大げさなものではないのです。**「こういう自分になれたらいいな」という程度の「あこがれ」を書き出してみる**のです。

だからそれは、「今年のアクションプランを立てるために、ゴールを明確に設定する」などという鼻息の荒いものではぜんぜんない。別に今年中にかなわなくてもいいのです。死ぬまでかなわなくたっていいのです。あこがれというのは、**かなわなくてもあこがれ続ける**からあこがれなのです。そういうつもりで、毎年、あこがれを書き出しているのです。

ボクは過去の手帳をとってあるので、ときどき、昔の手帳を取り出してきて、こっそり最初のページを読んでみることがあります。

そうすると、不覚にも涙が出てくるのです。

たとえば、二〇年くらい前の手帳には、ほとんど毎年のように、「自分はこれをやるために生まれてきたんだと思えるような仕事に就《つ》く」と書いてあります。

人生の後半になってようやく、いまボクは、自分がそういう仕事をしています。あこがれは、かなったのだと思います。でも、かなったとか、かなわなかったとか、そんなことはどうでもいいのです。ボクが感動するのは、あのころのボクがこういうあこがれをもっていたんだということそのものなのです。

あのころ、自分の将来がまったく見えずに苦しんでいた自分が、とても愛《いと》おしく感じられるのです。もしタイムマシーンがあって、あのころの自分にひとこと声をかけられるなら、ボクは言ってあげたいのです。「大丈夫だぞ」と。

立派な人と会って、自分がとても小さく思えてしまったとき。心ない誹謗中傷《ひぼうちゅうしょう》を受けて傷ついたとき。心を込めてがんばってやったことが、願いと逆の結果に終わってしまったとき……。この「あこがれ手帳」は、自信を失ってしまいそうなボクに、力と勇気を与えてくれます。

ボクがどんなにちっぽけな人間だったとしても、少なくとも過去のボクにとっては、いまのボクは「あこがれの人」だったのです。
いまのボクは、過去のボクのあこがれなのです。

そして、**いまのキミは、過去のキミの「あこがれ」**なのです。

「あんなことができたらいいな」「こういうことがわかるようになりたいな」「こんな自分になれたらどんなに素晴らしいだろう」……かなったこともあるだろうし、かなわなかったこともたくさんあるだろうけれど、それでもそういう小さなあこがれを形にして、それが積みあがって、いまのキミがここにいるのです。
そのことを忘れないでください。

でも、ボクたちは、できるようになったことは忘れてしまって、ついい、できないことばかりに気持ちが向いてしまいます。

キミも「あこがれ手帳」をつけてください、とは言いません。ただ、せめてときどきでも立ち止まって、キミが成し遂げてきたたくさんの小さなことに、意識的に気持ちを向け、味わう努力をしてみてほしいのです。

THERAPY
06

いまのキミは、過去のキミの「あこがれ」なんだ。

第7章

感情の起伏が激しい自分をどうしよう？

金融問題と「モー娘。」？

テレビの報道番組などで、ある事件について、弁護士や医者、大学教授などがコメントをするVTRが流れることがあります。「専門家の意見」というやつです。

そういった先生たちが話をしているシーンでは、ほとんど例外なく、背景に本棚かパソコンが映ってることに、キミも気づいていることでしょう。

先生のコメントの内容が大切なのであって、背景に何があるかなんて、実質的にはどうでもいいことのはずです。

しかし、深刻な金融問題を難しい顔つきで語る先生の背景に、「モー娘。」のポスターが貼ってあったら、話に何か説得力がなくなってしまうのです。

別に「モー娘。」が悪いわけではありません。「話の内容と背景とが一致しない場合、何となく違和感を覚えてしまう」ということを言いたいのです。

その映像を見ている人は、意識では気づいていないかもしれません。でも、潜在意識には「モー娘。」の印象が入ってしまうのです。

たとえばキミが外出している間に、誰かがキミの部屋の中のものをちょっと動かしたとしましょう。キミは、部屋に帰ってくるなり、「あれ、何かヘンだな」と感じるはずです。何がヘンなのか、意識ではわからなくても、**潜在意識は感じとってしまう**のです。

人間というのは**理屈よりも感情によって強く左右されます。**何となく感じることのほうが、しっかり頭で捉《とら》えたことよりも、心にずっと大きな印象を与えるものなのです。

だから、識者コメントの映像を流すときには、本棚やパソコンを背景にもってくることで、その映像からアカデミックな信憑性《しんぴょうせい》が醸《かも》し出されるのです。実際には大したことを話していなくても、視聴者は、何だか立派な意見を聞かせてもらったような気になるのです。

新聞に顔写真が載るとき、犯罪者は四角い写真で、そうでない普通の人の場合は楕円《だえん》の写真が使われる……などというもっともらしい噂がありましたが、どうやらこれはガセネタのようです。

ガセネタではありますが、根拠としては妥当だと思います。

四角には角があって、どこかよそよそしい感じがしますが、それに比べて楕円は優しく親しみやすい印象があります。

新聞を読むボクらは、写真に写った顔を見ているのであって、写真の形までは意識していません。意識していないからこそ、写真の形の印象は「背景」となって、ボクたちの潜在意識に影響を与えるのです。

そんなふうに、**気づかないうちに潜在意識に忍び込んでくる印象**に、ボクたちは左右されてしまっています。

潜在意識の栄養

最近では、みんな、食べるものに注意するようになってきました。野菜なども、産地を明記したり、生産者の顔が見えるような工夫をしたりします。

また、ウツの問題も深刻になっているので、読むものや聞くものなど、心に入ってくる情報にも気を配るようになりました。ネットの情報にフィルタリングをかけて、子どもの心に悪影響を及ぼさないようにしようという対策もとられています。

そんなふうに、心や身体の健康に関しては敏感になってきたのですが、いまだに潜在意識に入ってくるものには、みんな無頓着です。

つまり、**「背景」としてボクたちの心に忍び込んでくる印象**の重要さに気づく人は、まだまだ少ないのです。


「低周波音被害」と呼ばれているものがあります。工場や交通機関などから発せられる、ほとんど耳には聞こえない低周波音が、心や身体に重大な悪影響を与えている可能性があるのだそうです。大きな騒音が健康を害するのは誰にでもわかりますが、聞こえない音がいつの間にかボクたちの心身に影響を与えているというのは、恐ろしいことです。

しかし、聞こえないとはいっても、低周波音は物理的な振動ですから、計測することが可能です。そしてそれが心身に与える影響を検証することもできます。

ところが、背景として潜在意識に入ってくる印象は、心が感受する問題ですから測りようがありません。だから、背景が潜在意識に影響を与えているということを証明することはできません。ただ、経験から知るしかないのです。

そうなると、自分の心は自分で守るしかない。脅《おど》かすわけではありません。ボクたちは、**自分の心に与える栄養にも自分で責任をもつ必要があるのだと**、ボクはそういうことを言いたいのです。

何だかちょっとへビーな話になってしまいましたが、「自分の心に与える影響に責任をもつ」といっても、じつは、とってもシンプルで簡単なことなのです。

掃除をすると運気が上がる？

「部屋の掃除をすると運気が上昇する」などと書いてある本がありま す。気の流れがよくなるとか、そういうことはたしかにあると思いま す。しかし、潜在意識の観点からいっても、部屋の掃除と運気とは関係 があるのです。

自分の部屋にいて、本を読んだり、電話で友だちと話をしたり、パソ コンやテレビを見たり、ぼんやり考え事をしているときにも、部屋の印 象は「背景」となってキミの潜在意識に入っています。

だから、部屋が散らかっていると、キミの潜在意識には「散らかった 印象」が入り込むわけです。

もちろん、部屋が散らかっているのはいつものことですから、もう慣 れてしまっていて、意識ではあまり気にならないかもしれません。しかし、意識が気に留めないからこそ、潜在意識には「散らかった印象」がより強い影響を与えるのです。

つまり、結果として、キミの心や感情も「散らかって」しまうのです。

何となくイライラしたり、考えがまとまらなかったり、不安になったり、落ち着かなかったりするとしたら、**潜在意識に入った「散らかった印象」がぽこぽこと浮かび上がってきている**のかもしれません。

もちろん、それがすべてだとは言いませんが、ひとつの可能性として考えてみる価値はあるでしょう。

感情はコントロールしようとすると逆効果

お風呂に張った水をかき回して、それでその波を一生懸命鎮《しず》めようと押さえてみてください。しかし水面は鎮めようとすればするほど乱れてしまいます。

感情も同じです。

感情をコントロールするのは、なかなか難しいことです。思い通りにいかないことのほうが多いでしょう。思い通りに感情を制御できないことそのものによって、さらに感情が乱れてしまうという悪循環にも陥《おちい》ってしまいがちです。

感情というのは、潜在意識に入り込んだ印象から生まれるものだと考えてみてください。そうすると、感情の起伏が激しいからといって、出

てきた感情を抑えてみたところであまり意味がないということがわかるでしょう？　大げさに言えば、**感情が噴出してしまったときには、「もう手遅れ」**なのです。

潜在意識に入ってくる印象のほうを何とかしなければならない。

たとえば、「散らかった部屋の印象」というのがそのひとつだとすると、話は簡単です。掃除をすればいいだけのことです。

感情のコントロールはなかなかできるものではないけれども、しかし、部屋の掃除ならやろうと思えば誰にでもできます。

部屋を掃除することで、間接的に自分の感情をコントロールすることができるわけです。こちらのほうが感情をコントロールする方法としてはずっと簡単です。

そんなふうに、キミの身の回りの環境を、ほんの少しだけ整えてみる。整理してみる。もちろん、全部を変えようだなんて無理をする必要はありません。ほんのちょっとでいいんです。

それだけでいいのです。感情そのものをどうにかしようだなんて、考える必要はないし、考えても無駄なのです。

キミの潜在意識に入り込んでくる「背景」の印象を少しずつでも心地よいものにしていくことによって、キミの感情もしだいに爽《さわ》やかなものになっていくのです。

「でも、私の部屋はそうとう散らかっているから、ちょっと整頓したくらいじゃあ、大した違いはないんじゃないかな」と、もしキミが思っているとしたら、それはもっともなことです。論理的にはたしかにもっともではありますが、しかし、実際的には正しくありません。

たとえば、ダイエットでも、最初のうちは無駄な脂肪やら何やらがたくさんあるから、体重も落ちやすい。でも、だんだんスリムになってくると体重の落ち方も減ってくるでしょう？

筋トレでも、初日はちょっとした運動だけでもひどい筋肉痛になる。それだけ、筋肉に「影響」を与えているということです。「ああ、運動したなあ」という感じになる。でも、運動に慣れてくると、筋肉も慣れてくるから、あまりトレーニングの影響が実感できなくなってくる。

それと同じことで、いままで散らかし放題に散らかしていたぶんだけ、ちょっとでも片づけたときの効果は高いのです。部屋のきれいさという意味ではさほど変わっていないかもしれないけれど、潜在意識への影響ははっきりと現われてくる。

部屋を掃除することで感情をコントロールするなどというと、そんなものは気晴らしにすぎないと思われがちですが、そうではなくて、潜在意識的にはまったく理に適《かな》っていることなのです。

そして感情をコントロールできれば、運気がよくなるのは当然のことです。だって、どんな出来事が起こっても、感情しだいで、いくらでもそれを前向きなチャンスだと捉えることができるのですから。

THERAPY
07

感情が乱れても、無理に鎮めようとしちゃいけない。
その代わり、身の回りのものを何かひとつだけ整理してみてごらん。

第8章

ちょうどいい「空気」の読み方

キミは読めないタイプ？　読みすぎるタイプ？

「ＫＹ（空気が読めない人）」などという言葉が登場してからずいぶん経《た》ちます。一時的な流行語かと思っていたら、いつの間にかほとんど日常語になってしまいました。それほど、「空気が読める／読めない」ということは、ボクたちのコミュニケーションにとって切実な問題だということなのだと思います。

そもそも「空気」って、何なのでしょうか？

辞書には、「その場の雰囲気」などと解説されています。しかし、「雰囲気」というものもわかったようでよくわかりませんので、また辞書を引くと、今度は「その場にある空気」と説明されていて、結局、ぐるぐる回ってしまいます。

そのぐらい言葉では説明できない微妙なものだ、ということなのでしょう。だとしたら、「空気を読む」というのは、やはりたいへん難しいことに違いありません。

暗黙のルールとか常識のようなものなら、そのルールなり常識なりをいちど覚えてしまえば、あとはそれに合わせればいいだけですから簡単なことです。シチュエーションごとにまとめた「空気の読み方」というマニュアルを作ることだってできるでしょう。

しかし、この「空気」というのは、マニュアルにできるような固定したものではなくて、一瞬ごとに変化しているから難しいのです。

だから「空気」というのは、その場にいる人たちの「息づかい」の中に、リアルタイムで読みとるしかない。しかし、「息づかい」などという言葉もわかったようでよくわからないから、あえて雑に言ってしまえば、**その場のみんなの「表情を読む」**ということになるでしょう。

だから、「空気を読む能力」というのは、実践的な問題としては、周りの人の「表情を読む能力」だと言ってもいいのではないかと思うのです。


相手をよく見ていないと、表情は読めません。相手の気持ちはわかりません。

しかし逆に、他人の表情をあまり気にしすぎてしまうと、自分の気持ちを表現することに臆病になってしまいます。

空気が読めなくて悩んでいる人もいれば、空気を読みすぎて苦しんでいる人もいます。

空気は、読まなさすぎると人間関係に角が立つし、かといって読みすぎると萎縮《いしゅく》してしまって自分を表現できなくなります。

キミはどっちのタイプでしょうか？　自分ではどう思いますか？　どちらかというと、「空気を読みすぎて苦しんでしまうタイプ」でしょうか、それとも「空気が読めないで失敗してしまうタイプ」でしょうか？

もちろん、世の中には「読めるも読めないも、私は最初から空気なんか読むつもりがない」という人もいます。「あの人は空気が読めない」と周りから疎《うと》ましがられる人の中には、そんなふうに、もともと人の気持ちを読もうなどと思わない人もけっこういるのです。読むつもりがないのだから、いつまでたっても読めるようになれるはずがありません。

でも、そういう人は、こんな本を読んではいないでしょう。

自己評価は逆になる

さて、ちょっとヘンなことを言いますが、どうか気を悪くしないでください。

ボクの経験では、**「私は空気を読みすぎて失敗してしまう」と言う人ほど、じつはあまり空気が読めていない人が多い**のです。

一方、「私は空気が読めなくて失敗してしまう」と感じている人は、逆に空気を読みすぎてしまって失敗しているのに、それに気づいていない。

自分を客観的に評価するというのは、かなり難しいことなので、自分の自分に対する評価というのは、たいてい、あまり当てになりません。

そもそも、もし、「私は空気が読めていない」とか「私は空気を読みすぎる」というキミの自己評価が客観的に正確なのだとしたら、そのこと自体、キミが「的確に空気を読めている」ことの証明になるじゃないですか？　だとすれば、キミは空気が読めないわけでもないし、読みすぎているはずもない。申し分なく適切に空気を読めていることになるでしょう。ということは、空気の読み方についてのキミの自己評価はやっぱり間違っていたことになる。

でも、なぜ**自分の評価と人の評価が逆**になってしまうのでしょうか？　多少ズレることはあっても、何も真逆にまでならなくてもいいようなものです。

それは、こういうことなんです。

自分の声を録音したものを聞くと、まるで自分の声じゃないように聞こえるでしょう？　どうしてそうなるかというと、キミはキミの声を骨を伝って内側から聞いているのに、録音したキミの声は外から聞こえてくるからです。

それと同じ理屈で、**人はキミを外から見ているけれども、キミはキミをいわば自分の内側から見ている**わけです。だから、人の見るキミと、キミの見るキミでは、まるで逆になってしまう場合が少なくないのです。

同じものを見ていても、ちょっと別の立ち位置から見ると、もう違って見えます。たとえばジュースの缶でも、横から見れば長方形に見えるし、上からみれば丸に見える。ましてや内側から見たとしたら、もはや缶とは思えないほど違って見えることでしょう。

そして、「空気が読めないか／読みすぎてしまうか」という問題は、キミの内面の問題というよりも、社会性の問題です。つまり、人間関係

の問題です。だから、外側からの評価のほうを基準に考えたほうが妥当だと言えるのです。

そう考えると、なぜキミの人間関係がいままでうまくいかなかったのかが見えてきます。

キミは、自分に必要なことと正反対の努力をしてきたのです。

だから、対策は簡単です――。

・「空気を読みすぎてしまってうまくいかない」と自分で思っているキミは、試しに、**もっと細かく空気を読むように**心がけてみるといい。

・「空気が読めない」と悩んでいるキミは、いっそのこと、人の顔色を窺《うかが》ったり、人の反応を気にしたりせずに、思い切って**自分の思うがま**

まに振舞ってみるといい。

それだけの心がけで、人間関係がいままでよりもスムーズに流れるようになる。もちろん、すぐにははっきりした効果は出ないかもしれませんが、少なくとも正反対の努力をしつづけるよりは、ずっといいに決まっています。

「それでも私は空気が読めない」と思っていたら……

「でも、私は自分でも空気が読めないタイプだと思うし、現に、私は友だちから『あなたは空気が読めない』って言われる。だから、やっぱり空気の読み方が足《た》りないんじゃないかと思う……」と、もしかするとキミは言うかもしれません。

先ほど「人の評価と自分の評価は逆になる」と説明したことと矛盾するようですが、たしかにそういうケースもあるのです。

でも、友だちからそう言われて、「やっぱり私って空気が読めないんだな」とキミが反省できるということは、キミは空気を読んでいるからでしょう？　もし本当にキミが空気の読めない人だったとしたら、友だちから「あなたは空気が読めない」と言われても、「いや、私はものすごく空気を読みすぎるところがあるのに、みんなはぜんぜん理解してくれない」と言うに違いありません。だって、みんなの空気が読めないんだから。

だから、やっぱりキミの問題は、空気が読めないことではない。**読みすぎてしまう**ことにあるのです。

だとしたら、なぜみんなからは、キミが空気が読めない人のように見えてしまうのでしょうか？

それは、空気を読みすぎることによって言動がぎこちなくなってしまって、それが周りの友だちには、空気が読めていない行動のように映ってしまうからなのです。

だから、空気を読まなきゃと必死になればなるほど、周りから見るとキミはよりKYっぽくなってしまうんですね。悪循環です。どうりで、がんばってもうまくいかないはずです。

だから、「私は空気が読めない」と自分で思っているキミは、これからはあえて**空気を読まずに、自分の好きなように振舞ってみてください。**キミにとってはちょっと勇気のいることですが、そうすることで、みんなからはキミの行動が自然に見えるようになってくるはずです。

THERAPY
08

「私は空気を読みすぎる」と
思っているキミは、
あえてもっとよく観察して、
相手の気持ちを正確に感じてみてごらん。

「私は空気が読めない」と思っているキミは、
あえて人の顔色を気にせずに、
もっと自分勝手にやってみてごらん。

第9章

みんなと比べて
ダメな自分に
落ち込んでしまうとき

なぜ自信をなくしてしまうのか？

キミが自信をなくしてしまうのは、どんなときでしょうか？

仕事がうまくいかなかったり、容姿がイマイチだったり、上手に会話ができなかったりと、まあ、いろいろなケースがあると思います。

しかし、ここでちょっと考えてみてください。

もし、周りのみんなも、キミと同じくらい仕事ができなかったらどうでしょう？　キミと同じレベルの顔立ちやスタイルだったら？　キミと同じように会話が下手だったら？

キミは、自信をなくすでしょうか？

たぶん、そんなことはないと思います。


ということは、自信をなくしたり、自分はダメだという思いに苦しんでいるとき、キミは、**「周りの人と自分を比べている」**ということになります。キミよりもデキる人と比較してしまうから、自分のことがダメだと感じてしまう。

そうではないでしょうか？

誤解しないでください。ボクは、「人と比べないでいいんだよ。キミはキミでいいんだよ」などと、生ぬるいことを言うつもりはないんです。

人と自分を比べるということは、必要なことです。他人と自分を比べることではじめて自分というものが見えてくるのだし、自分を成長させるのに必要な課題もわかってくる。

だいいち、無人島に住んでいるのではないのだから、周りの人と自分を比較しないで生活できるはずがありません。

だから、人と比べるなとは言いません。

ボクが言いたいのは、**「人と比べてもいいけれど、それで腐《くさ》ってちゃダメだ」**ということなんです。

周囲の人と自分を比べて、自分に足《た》りないところとか、自分のやり方のまずいところなどを反省し、そこから何かを学ぶことが大切なのであって、それによって自分の気分を左右される必要はない。いや、左右されてはいけないのです。

しかし、それはなぜでしょうか？　なぜ、人と比べて自分はダメだと落ち込むことがよくないのでしょうか？

人と比べて落ち込む心の正体

それは、「自分よりもデキる人と自分を比べてがっかりするという心の在《あ》り方は、**自分よりもデキない人を馬鹿にして見下す心の在り方と同じこと**」だからなのです。

どちらも、本質的には、**人と比べることで自分の気分を決めている。**

そのことに気づいてください。

だから、「みんなスゴいのに、私だけダメだ」と落ち込む人は、もし自分よりもダメな人たちばかりがいる集まりの中に入ったら、きっと、「こいつらはみんなダメだなあ」と馬鹿にするような鼻もちならない人になってしまうに違いないのです。

人と比べて自分の価値に対する気分を決める習慣が、知らないうちに染《し》みついてしまっているからです。

「人と比べて自分はダメだ」と落ち込むのは、だから、決して謙虚な心の在り方ではありません。むしろ、傲慢《ごうまん》な姿勢だと言ってもいい。

「いや、私は、自分よりも劣《おと》っている人がいたとしても、そういう人を馬鹿にしたりはしない」とキミは言うかもしれません。

そうかもしれません。しかし、人と比べて落ち込んでしまうという心の在り方の中には、**劣っている人を見下げて嘲笑する卑《いや》しい心の「種《たね》」が潜《ひそ》んでいる**のだということに気づいてほしいのです。そういう危険があるのだということに気づいてもらいたいのです。

周りの人によってキミという人間の価値が決まってしまうのであれば、何も自分を高めようと努力する必要なんかぜんぜんない。だって、自分より劣っている人のグループの中に引越せばいいだけじゃないですか。

でも、それでキミは本当に自分を好きになれるのですか?

そんなことはないはずです。

世間には、自分はひとつも成長しようとせず、自分より劣っている人たちを嘲笑することで自己満足に浸《ひた》っている人たちがたくさんいます。

キミが、そんな連中と同じことになってしまっていいはずがありません。

ダメな自分を乗り越えていくことがキミの課題なのに、自分ではなくて、周りの人たちを引きずり下ろすことで自分の気分を良くしようというのなら、それは、「禿《は》げて額《ひたい》が広くなってきたから、眉毛を上のほうに描いて額を狭くしよう」と言っているのと同じくらい愚かなことです。

キミ自身が成長しなくては、何の意味もないではないですか。

周りの人が優秀であろうが劣っていようが、**キミの価値にはまったく関係ない**のです。

キミの周りは宝物がいっぱい

周りと比べて、自分よりも優れていると思える人がいたら、「ああ、自分はダメだ」としょげてしまうのではなく、**「この人から教えてもらおう」**と思えばいいのです。

もちろん、実際にアドバイスを求めたり指導してもらったりしなくても、その人をこっそり観察して、そこからヒントを盗めばいいのです。

そうすると、デキる人はどういうことをやっているのかがわかってきます。その中から、ほんのちょっとだけでも自分で実践できそうなことを見つけてみるのです。

たとえば、その人は――、

「どんなふうに人を褒《ほ》めているか？」

「ミスをしたり、叱《しか》られたりしたときにどういう態度をとっているか？」

「どういうふうに人の話を聞いているか？」

「どんな服を着ているか？」

「どんな本を読んでいるか？」

――などなど、例を挙げていったらきりがありません。

こんなふうに、宝物のようなヒントが無限に隠されているのだから、キミも「あの人に比べて、私はダメだなあ」などと落ち込んでいる余裕はありません。**すぐに宝探しに漕《こ》ぎだすべきです。**

そういうふうに考えてみると、「周りは、自分よりもデキる人ばかりだ」ということは、キミにとってこの上ないほど幸せなことです。だって、キミの周りには、成長のための学びが無限にあるということなのですから。**自分が目指すべき目標となる人たちがたくさんいる**ということなのですから。

そういう気持ちになれたとき、もうキミは、自分よりも劣っている人を見下げたり馬鹿にしたりなんかできなくなるはずです。ちょっとでもその人の力になれるように手を貸してあげたい。そういう気持ちになれるはずです。

キミ自身がそうであったように、どんなにダメな人も、学ぶ気さえあれば成長できるのだということを、自分の体験から確信できるからで

す。

さらに素晴らしいことがひとつあります。

最初から優秀な人間というのは、自分がどうして優秀なのか意識ではわからないものです。でも、最初はダメで、そこからスタートして、デキる人たちからヒントを得て、自分で実践して、それで成長してきた人というのは、自分が何をやってダメな自分を克服したかをはっきりと意識しているわけです。だからこそ、自分はダメだと落ち込んでいる誰かに、確信に満ちた、はっきりと的確で具体的なアドバイスをプレゼントしてあげることができるのです。

だから、周りの人が自分よりも輝いていたら、学びのチャンスがたくさんあるのだと喜ぶ。自分よりも劣っている人がいたら、力になってあ

げられるチャンスがたくさんあると喜ぶ。

最初のうちは、そういうふうに考えることだけでもなかなか難しいかもしれないけれど、ちょっとずつでも心がけていくことで、周りの人がどうあろうが、自分を信じる気持ちを左右されない強い心ができてくるのです。

THERAPY
09

デキる人と自分を比べて落ち込む人は、
デキない人と自分を比べて馬鹿にする人だ。
デキる人からは学ばせてもらい、
デキない人には手を貸してあげればいい。
ただ、それだけのこと。

第10章

失恋の痛みは
まだ消えないけれど

心の自己治《ち》癒《ゆ》力

生きている身体には、自己治癒力というものがあります。生命にはもともと、自らを自然に治す不思議な力がある。だから体調も回復するし、傷もふさがる。

医療というものも、この自己治癒力がよりよく働くようにサポートするためのものであって、患者の中に自己治癒力がなければ、どんな名医もお手上げです。さすがのブラック・ジャックだって、死んだ人間を生き返らせることなんかできません。

自分のこの自己治癒力のことを、ボクたちはわりあいと信頼して生活しています。風邪をひいても、しばらく休めば回復することを知っています。指を切って少し血が出ても、その傷が一生ふさがらないんじゃないかと心配する人もいないでしょう。

自然に治る働きが身体にあるのだとしたら、では、「心」にも自己治癒力と呼べるようなものがあるのでしょうか？

朝、不愉快な出来事があってイライラしていても、夕方には忘れてしまいます。

数年前にわりと悩んでいたことも、いまはほとんど笑い飛ばせるくらいになっていることのほうが多い。いつの間にか心のほうが大きくなって、悩みを飲み込んでしまったのです。そういうことは、誰にでもあるはずです。

「時間が解決する」などというように、辛《つら》い心の傷だって、たいていは時が経《た》てばやがて癒《いや》されます。

そういうことを考えても、どうやら、**心にも自然にバランスをとる働**

きがあるようです。

しかし、身体の自己治癒力と心の自己治癒力の働き方には、決定的に違う点があるのです。

どんな人間関係もセラピーだ

身体の自己治癒力は、自分ひとりの身体の内部で完結します。

自己完結するといっても、健康のバランスをとりもどすために、たとえば、塩味のものがむしょうにほしくなるとか、どうしても酸《す》っぱい果物が食べたくなるとか、そんなふうに、自己治癒のために必要な栄養分を外部に求めることはあります。場合によったら、薬が必要なこともあるかもしれません。しかし、治癒のプロセス自体は自分の身体の中で行なわれるのであって、他人の身体を使って治すわけではありません。

ところが、**心の自己治癒力は、自分ひとりの心では完結できない。**誰か**他人の心**が必要なのです。

つまり、**「人間の心は、人間関係の中でバランスをとりもどしていく」**ということなのです。

これが、心の自己治癒力の特徴です。

だから、ひとりで悩んでいるだけでは、心の自己治癒力は働いてくれない。キミの心がバランスをとりもどすためには、他人の心が必要なのです。

心の問題を克服するために受けるセラピーにしても、セラピストの技術によってクライアントがよくなるというわけではありません。クライアントとセラピストとの「人間関係」によって、セラピーの効果が生まれるのです。セラピストとの心の交流のドラマを通して、クライアントの心はバランスをとりもどしていくのです。

その意味では、何もセラピーなんか受けなくても、心のバランスを回復させることはできるわけです。

逆を言えば、**「どんな人間関係もセラピー」**なのです。

キミの心は、自分以外の誰かとの心の交流を通して、バランスをとりもどしていくのです。

先ほど、「何年も前に悩んでいたことも、いまはもうすっかり忘れてしまって笑い飛ばすことができる」というようなことを言いましたが、それもただ単純に時間が経ったから忘れることができたというだけではなくて、きっと、誰かとの心の交流の中でバランスをとりもどすことができたに違いありません。ただ、それはあまりにも日常的なことなので、自分の問題の克服と関係があったとは気づかなかっただけのことなのです。

「誰かとの心の交流」といっても、友だちの温かいアドバイスとか、家族の応援とか、必ずしもそういうポジティブな影響のことだけを言っているのではありません。ときには、家族と大ゲンカをしたり、友だちと絶交するということだって、キミの心がバランスを回復するために、心の自己治癒力が求めていることかもしれないのです。

身体がバランスをとりもどすときでも、嘔吐《おうと》や下痢などを必要とする場合もあります。それと同じように、**人間関係の不愉快で苦渋に満ちた体験の中にも、前向きな意味がある**のです。

失恋は心の荒療治

そして、そういった人間関係の中でも、もっとも濃密なものが「恋愛」ではないでしょうか？

濃密であるがゆえに、恋愛は、心の自己治癒力が働くためのもっとも理想的なシチュエーションを与えてくれます。というよりも、じつは、**心の自己治癒のためにこそ、キミの心は恋を求める**のです。だから、心が平穏で、毎日の生活に満足しているときには、あまり恋をしたりしないものです。

わけても**「失恋」の苦しみは、キミの心を立て直してくれる究極の荒療治**です。

「成就《じょうじゅ》しなかったのだから、恋をした意味がなかった」と考えるのは間違っています。

「当たらなかったのだから、宝くじを買った意味がなかった」と言うのならそれはもっともな意見だと思いますが、失恋の場合にはその理屈は当てはまりません。

もちろん、恋が成就すれば、そしてふたりの付き合いがいい形に発展していけば、それは素晴らしいことでしょう。しかし、傷ついて、絶望して、がっかりして終わってしまった恋であっても、それは、キミの心の自己治癒力が、キミの心のバランスをとりもどすためにどうしても必要なことだったのかもしれないのです。


身体にとっては、鼻くそひとつにも重要な意味があります。鼻くそにだって存在の「意味」があるのに、キミが誰かを深く愛したという尊《とうと》い事実に何の意味もないなどということがあるはずがない。

「私に価値がないから、失恋したのだ」とキミが思うとしたら、それはとんでもない間違いです。価値があるから、心の自己治癒力が働いてくれたのです。

「でも、心の自己治癒どころか、失恋をして以前よりもずっとボロボロになってしまった」と、きっとキミは言うでしょう。

でも、キミの心は、あえてボロボロになることを求めたのかもしれません。古い皮膚がボロボロになって剝《は》がれていくように、古いキミの心がボロボロになって剝がれていくことは、**心の新陳代謝のために必要なこと**だったのかもしれません。

もちろんそれは、キミが意識的にやっていることではありません。キ

ミの潜在意識が、キミのためにやってくれていることです。身体の自己治癒力と同じです。怪我も病気も、キミが知らないうちにどんどん治っていくでしょう?

「でもやっぱりそんなの嫌《いや》だ!」と、それでもキミはボクに食ってかかるかもしれません。

それでいいのです。

失恋は苦しい。それでいいのです。

THERAPY
10

鼻くそひとつにだって存在の意味
があるのに、
誰かを愛したという尊い事実に
意味がないはずがない。
失恋は苦しい。でも、それでいい。

第11章

「私には夢がない」と思っているキミへ

「将来の夢」という作文

子どものころから何か夢中になれるものがあって、それに打ち込んできて、素晴らしい結果を出している人たちがいます。たとえば、イチローとかタイガー・ウッズとか。

そんな有名人でなくても、キミの周りにもいるはずです。ピアノが好きで、何年も何年も練習をして、プロを目指してがんばっている人とか。医者になるんだという夢をもって、勉強に励《はげ》んでいる人とか。

キミは、そういう人を見て、うらやましく思ったことはありませんか？　夢や目標が明確にあって、小さいころから努力を積み上げてきた人たちに、嫉妬《しっと》すら感じたことがありませんか？

「自分には、夢中になれる夢なんかどこにもない」と、ふさぎ込んでしまったことはありませんか？

ボクには、そういうことがありました。

中学校の作文で、「将来の夢について書け」という課題が出ました。ボクはそのとき、本当にみじめな気持ちになって、どうしようもなくて、結局、次のようなことを書いたんです。

「僕には夢がありません。目標をもってがんばっている人がうらやましいけれども、僕にはそういうものが見つかりません。でも、逆を言えば、夢がないからこそ、どんな自分にもなれる可能性があるということになります。あまり若いうちから、決まった目標をもって計画的に生きるのは、必ずしもいいこととは限らないと思います……」

自分で言うのもなんですが、ボクは作文はわりと得意で、みんなの前で発表させられることがよくあったのです。しかし、このときの作文ばかりは、先生にまったく黙殺されました。

子どもらしくない。何か冷めていて、ネガティブで、ひねくれた作文だ。そんなふうに受け止められたのだと思います。

でも、斜《しゃ》に構えていたわけでも何でもなくて、ボクにとっては本当にそれが切実な気持ちだったんです。だから、その気持ちを素直に書いたのです。

クラスメイトたちは、「パイロットになって、自分の飛行機で両親を海外旅行させてあげたい」とか「医者になって、病気で苦しんでいる人たちの力になりたい」とか、キラキラした立派なことを書くのです。

先生たちは、そういう作文が好きなのです。

しかし、ボクは、夢とか目標とか、そんなこと以前に、「自信のない自分をどうしたらいいんだろう」とか「自分なんてそもそも生きている価値がないんじゃないか」などという思いに苦しめられていたのです。

「将来、どんな仕事に就《つ》きたいか」だなんて、そんなことを考える余裕すらなかったのです。何しろ、ボクなんかがこうして厚かましく生きているということだけで、もう本当に申し訳ないという気持ちだったのです。どうして夢だとか目標だとか、そんな贅沢《ぜいたく》なものを求めることができるでしょう?

ボクは、そんな子どもだったんです。

――もしかすると、キミにも共感できる部分があるのではないかと思って、ボクの個人的な話をしました。

そんな自分の経験から知ることができた**「夢のつかみ方」**について、ボクはこれから語りたいのです。

人生のふたつのタイプ

夢ということに関して、ふたつのタイプの人生があるとボクは思っています。

ひとつは、最初にあるていど明確な夢があって、それに向かって人生を築いていくタイプ。

もうひとつは、人生を築きながら、**自分の夢を創っていく**タイプ。

前者と後者は、まったく正反対です。

前者のタイプは、**「まだ実現されていない夢」**に意識の焦点がある。

後者のタイプは、**「まだ完成されていない自分」**に焦点がある。

だから、後者のタイプは、「私は何てダメな人間なんだろう」という思いに苛《さいな》まれてしまうのです。

それゆえ「人生の目標は何ですか?」と訊《き》かれたときに、確信をもって答えることができないことが多いのです。「嫌いな自分と折り合いをつけていくことだけでも精一杯だ」と感じてしまう。

もちろん、キミとボクが後者のタイプであることは言うまでもありません。

前者は、一般的にいわれる「夢をもって生きる人生」のことですから、とくに解説はいらないでしょう。ボクたちからすると、じつにうらやましく、輝いて見える人生です。

しかし、「夢がある」といっても、それは、自分が苦しんで、自らと格闘してつかみとった夢ではありません。いわば、与えられた夢です。

後者のタイプは、自分で夢を創っていかなくてはなりません。

どうやって創っていくのかというと、「まだ完成されていない自分」つまり**「ダメな自分」を一歩ずつ克服していくことによって**です。

ダメな自分に苦しみ、それを克服していくことが、夢を生み出す力になるのです。「私は何てダメな人間なんだろう」という苦しみには、だから、前向きな意味があるのです。

キミの夢は、与えられる夢ではなく、**自分でつかみとる夢**です。自らが創りだす夢なのです。だから、「私には夢がない」と苦しんでいることそのものが、すでに夢の実現への一歩なのです。

この後者のタイプは、いわゆる「大器晩成」の人たちです。しかし、スロースターターで、夢を形にするスピードが遅いから大器晩成なのではありません。

自分という人間を試行錯誤で完成させていきながら、自分で夢を創っていく人生なのですから、その人の夢がどんなものであるかは、少なくとも人生の後半になってようやくその輪郭《りんかく》が現われてくる。

それが「大器晩成」の意味です。

ダメな自分を超えながら

同じ一万円でも、その一万円を貯金するのと、その一万円で借金を返すのとでは、気持ちのもちようがぜんぜん違います。

ダメな自分を克服する努力をしているときというのは、何か、借金を返すときのような後ろ向きな気持ちになってしまいがちです。義務的に、しかたなくそうする。そんな消極的な気分になってしまうことが多い。少なくとも、あまりわくわくはしないものです。

けれども、キミは、ダメな自分をひとつずつ克服していくことで、ひとつずつ何かを学んでいるのです。欠点を埋め合わせているのではなくて、**何かを新たに獲得している**のです。

そういうふうに考えると、嫌いな自分と戦いながらそれを乗り越えていくことは、借金を返すというよりも、むしろ、貯金をしている感じに近いと思えるはずです。

そして、そうやって獲得したもののひとつひとつが、**キミの夢のジグソーパズルのピース**なのです。

はじめのうちは、何が描かれているジグソーパズルなのか、まったく見えません。しかし、ひとつずつピースが加わっていくことで、だんだんとその姿が浮かび上がってきます。

しかも、このジグソーパズルは、あらかじめ存在しているジグソーパズルではありません。わくわくすることに、キミがはめ込むひとつひとつのピースによって、そのときそのときに変化していくジグソーパズル

自分を好きになれないキミへ

なのです。

パズルの全貌がおぼろげにも見えてくるタイミングは、人によって異なることでしょう。人生の前半で見えてくるということは、むしろ少ないと思います。

しかし、「ダメな自分」に見切りをつけさえしなければ、いつかは必ずキミの夢が姿を現わしてきます。

これは、ボク自身の体験からも言えるし、また、セラピーを通じてクライアントたちから教えてもらったことでもあります。

既製品の夢に合わせて生きる人生ではなくて、**ダメな自分ととっくみあいながら夢を創造していく人生。**

キミの人生そのものが、素晴らしい夢であり、芸術作品なのです。

THERAPY
11

「私には夢がない」と感じて
がっかりしたら、
「私は、自分で自分の夢を創ってい
るところだ」と考えてごらん。
キミの夢は、一生をかけて創りあ
げる傑作なんだ。

第12章

憎しみで
ボロボロになったとき

怒りの感情を観察してみる

キミは、レジ待ちの行列に並んでいたとします。ようやくキミの順番がきたのに、お店の人は、キミを無視して、キミよりもあとから来た客に応対をしはじめました。

キミは頭にくるはずです。

「私のほうが先に並んでいたんですよ！」とお店の人にクレームをつけるか、あるいはぐっと堪《こら》えるか。それはそのときのキミの精神状態にもよるでしょうけれど、キミが腹を立てるのは当然です。どう考えても、お店の人に落ち度があることには違いない。

しかし、そのときのキミの心の動きを、ちょっと冷静に観察してみましょう。

キミは、何に対して怒っているのでしょうか？

その店員に対して怒っているのです。

もちろんです。しかし、それだけではないはずです。

少なくとも、その人だって、意地悪でわざとキミを無視したわけではないというのは、常識的に考えても理解できます。忙しくて混乱していて、つい間違えてしまったのかもしれない。誰にでも間違いはあります。他人のちょっとしたミスを許せないほど、キミは心が狭い人ではないはずです。


では、応対してもらうのが遅れたという事実に対して怒っているのでしょうか？　そういうことでもなさそうです。ひとりぶんくらい余分に時間がかかっても、大したことではないでしょう。もっと長く待たされることは、日常生活の中ではいくらでもあります。

それでは、「客を大切に扱わないことに対して腹を立てているんだ。接客業として、そんなことじゃイカン」という正義感のようなことで怒っているのでしょうか？　いや、そうでもなさそうです。

「私のプライドを傷つけたことに対して怒っているんだ」とキミが言うとしたら、それはかなり事実に近いと思います。しかし、キミは「キミのプライドを傷つけた人」に怒っているのでしょうか？

本当は、キミは、キミ自身に対して怒っているのではないでしょうか？

自分への怒り

人は、感情というものをあまりにも単純化して考えがちです。しかし、感情というのは、「たったひとつの感情」で成立している場合はむしろ少なく、実際には、いろいろなものが複雑に絡《から》まり合っているものです。

ちゃんと列に並んでいたのに、気づいてもらえないほど存在感のない自分。そんな**自分への怒り。**それがキミの怒りの正体ではないでしょうか？

もしキミにセレブのようなオーラがあったら、どんな店員もキミを見過ごしはしないでしょう。キミは、「店員がキミを無視したこと」に頭にきているのではなくて、**「無視されるほど存在感のない自分」**に対して怒っているのです。

人間は、ひとりでは生きていけない。だから、自分の存在を人に気づいてもらえないと、不安になるのです。怖くなるのです。

怯《おび》えている犬がよく吠《ほ》えるように、恐怖はしばしば怒りとして表現されます。**自分自身への不安が、自分自身への怒りに形を変える**のです。

そしてその自分への怒りが、店員に対する妥当な怒りと混ざり合う。

そして、自分でも、「店員に対して怒っているのだ」と思い込んでしまう。

店員が接客の順番を間違えたということだけだったのに、キミの中に激しい怒りが突き上げてくるのは、そのためです。

そんなふうに、誰かに怒りを感じていても、それは「その人に腹が立

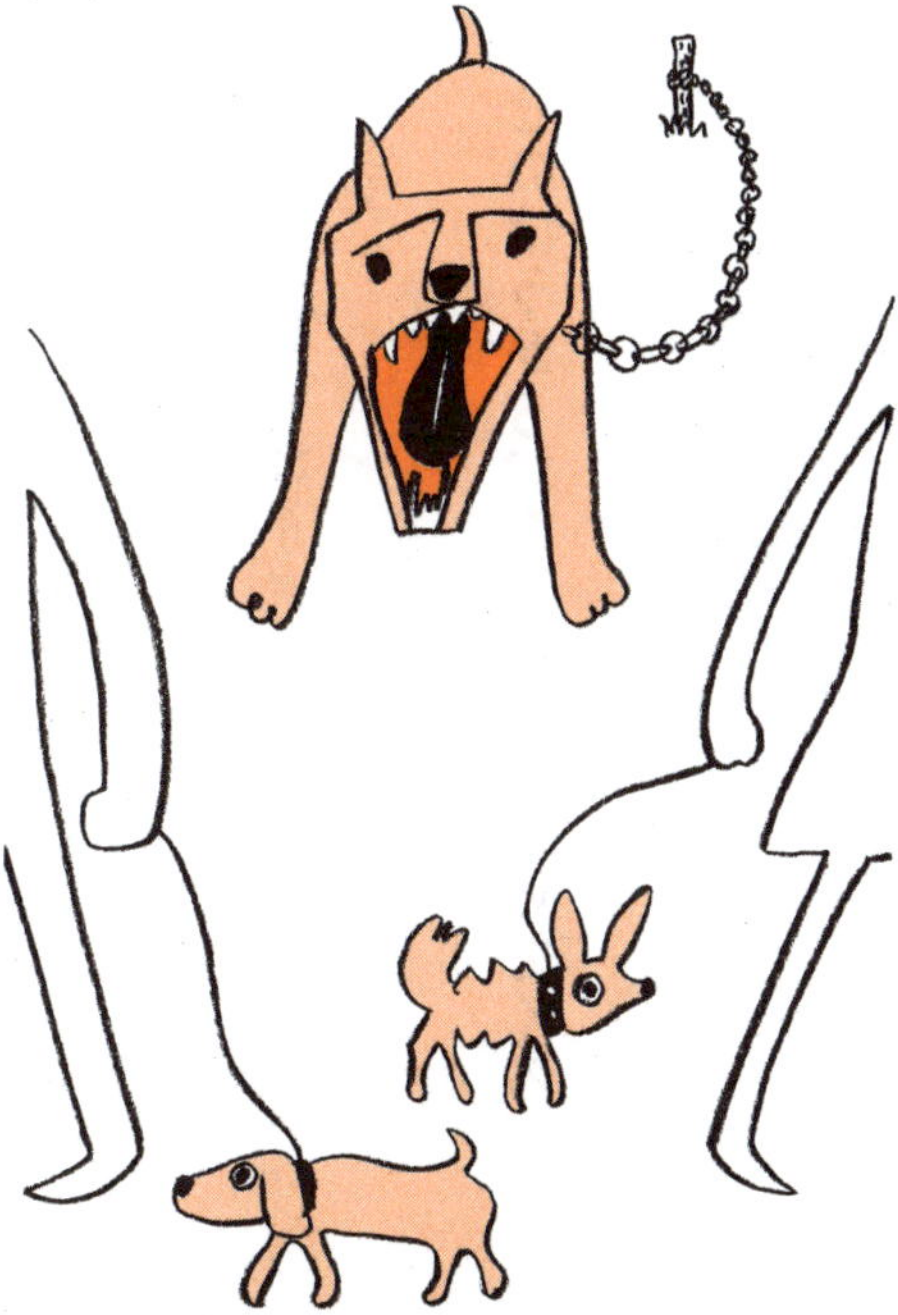

った」というだけの単純な事態なのではなくて、多くの場合、**キミ自身に対しての怒りも混ざっている**ものなのです。

いわゆる「キレる」ときというのは、ちょっとしたことに対して、異常なまでに激しい密度で怒りが噴き出してきます。それは、「キレる」感情の背後には、自分への怒りが隠されているからに違いないと、ボクは思っています。

幸せのほうから、キミを追いかけてくる

将来の結婚資金にと何年もかけて蓄《たくわ》えてきた八〇〇万円を、すべて男に騙《だま》し取られてしまった女性がいました。

その男への憎しみにもだえ苦しみ、眠れない夜が続きました。心も身体もボロボロになりました。とうとうその男を殺してやろうと計画する

ところまで、自分を追い詰めてしまったのだそうです。

幸いにも、取り返しのつかない間違いを犯す前に、縁あって彼女は、ボクのところにセラピーを受けに来てくれました。

だいたい、ボクのセラピーはいつも他愛《たあい》もない雑談ばかりなのです。そんな雑談の中で、さきほどの「レジで順番を飛ばされて怒る人のたとえ話」をボクはしました。

その夜、歯を磨いているときに、彼女は、「そうか、私が憎んでいたのは、私自身だったんだ」と、忽然《こつぜん》と気づいたのだそうです。

自分を騙した男のことが許せないのはもちろんだけれども、それ以上に自分を苦しめていたのは、卑劣な男に騙されてしまった「愚《おろ》かな私」への憎しみだったんだ。

そのことが、ストンと腑《ふ》に落ちたらしいのです。
「ああ、なんてことだろう。私、自分を呪《のろ》っていたんだ！」と、鏡の中の自分の顔を見つめて立ち尽くしてしまったのだそうです。

他人を憎むとき、その感情の中には、自分を憎むという気持ちが隠れている。これは、とても重要なことです。

誰かを怨《うら》むとき、キミは、気づかないうちにキミ自身を怨んでいる。だから、人を憎むとき、怨むとき、キミは、**相手よりも自分自身をボロボロにしてしまう**のです。

誰かを呪うとき、キミは自分自身にも呪いをかけている。それが、「人を呪わば穴二つ」という言葉の本当の意味なのではないかと、ボクは思うのです。

翌週、またセラピーに来てくれたときに、「でも、それでもどうしてもあの男のことを許せる気持ちになれない」と彼女は告白してくれました。

それで、ボクは、こう答えました。

「がんばって許そうなんて思う必要はない。卑劣で最低な男なのだから、とことん怨めばいい。でもね、**自分自身のことは、許してあげようよ**」

そのひとことで、彼女は泣き出してしまいました。これまでずっと、自分を憎んで、自分を呪って、いじめてきた。ボロボロになるまで苦しめてきた。そんな自分から、少しだけ解放されたのだと思います。

彼女とのセラピーは、その二回だけ。それだけだったのです。

「いまごろどうしているかな?」と思っていたところ、後日、彼女からメールが届きました。

他愛もない日常生活の話題がたくさん書いてあって、それから最後に、「……相変わらずあの人のことは憎いけれど、騙された自分のことは、少しずつ、許せる気持ちになってきています。また、ゼロから貯金をスタートしました！　幸せはまだまだ遠いけど、がんばります」とありました。

だからボクは、「どんなに遠くても、幸せのほうがキミを追っかけてくるよ」と返事を書きました。

THERAPY

12

人を憎むということは、
自分自身を憎むことでもある。
その人を許す必要はないけれど、
自分のことは、 もう許してあげようよ。

あとがき

これで、ボクの雑談は終わりです。最後までお読みいただいて、ありがとうございました。

本書を締めくくるにあたり、あとひとことだけ――。

「坊主《ぼうず》憎けりゃ袈裟《けさ》まで憎い」という言葉があります。その人のことを嫌いになると、その人に関係することがみんな嫌いになってしまう、という意味ですね。

そういうことは誰にでもあると思うんです。ボクだって、大嫌いな人がいつも聞いているという理由だけで、その曲やアーティストのことまで嫌いになってしまうことがありますから。

それと同じで、自分のことが好きになれないと、自分のやることも好きになれない。何をやってもダメだという気がしてくる。

そして、自分のやることがことごとく嫌いなのだとしたら、「自分の好きなものも好きになれない」というおかしなことになる。そうすると、もう永遠に、何かを好きになるということができなくなってしまう。

自分のことが好きになれない人は、何も好きになれない。それじゃあ、生まれてきた甲斐《かい》というものがない。

しかし、「坊主憎けりゃ袈裟まで憎い」の逆もまた、よくあることだと思うんです。「坊主好きなら袈裟まで愛《いと》しい」とでもいいますか。誰かのことを好きになったら、その人のやることなすこと、みんな素敵に見えてくる。

だから、自分のことがちょっとずつでも好きになってくると、自分のやることもすべて素敵に思えるようになってくる。ダメな自分も、自分の欠点も、自分の失敗さえも、愛おしく思えるようになってくる。

ボクは、セラピストとして、たくさんのクライアントの心の問題に一緒に取り組んできた経験から、確信していることがひとつあります。それは、「人は、誰でも変わることができる。でもそのためには、まず、変われる自分を信じてくれる人が必要なんだ」ということ。

キミが自分のことを好きになれる日がくることを、ボクが信じています。

いつかキミと直接お会いできる日を心から楽しみにしています。

文庫版のためのあとがき

　ちょっと前のニュースで読んだのですが、自殺者の全体数は減ったのに、若者の自殺は逆に増えているのだそうです。

　スマホやＳＮＳが普及しました。自分の考えを自由に表現し、直接には会ったこともない人たちとつながり、語り合える。「いいね！」で励ましてもらえる。孤独が癒《い》やされ、自分を好きになるための環境は、昔とは比べものにならないくらい豊かになったはずです。

　それなのに、そういうツールに恵まれて育った若い人たちの自殺のほうが増えているという。

　ネットをつうじてたくさんの人とつながればつながるほど、そのぶんだけ多くの悪意にもさらされるだろうし、他人の価値観の波に押し流されて自分が自分であろうとするのがむずかしくなることだってあるでしょう。便利になればそれでみんなが無条件にしあわせになれる、というものでもないようです。

結局のところ、こころ許せる誰かと一対一で語り合うことによってのみ、そこに流れる「熱」によってのみ、僕らの孤独や不安は癒やされていくのだと思います。

本書がキミにとってのその誰かになれたとしたら、それ以上の歓《よろこ》びは僕にありません。

二〇一七年九月九日

祥伝社黄金文庫

自分《じぶん》を好《す》きになれないキミへ

SNSでは癒《いや》せない孤独《こどく》のために

平成29年 10月20日　初版第1刷発行

著　者　石《いし》井《い》裕《ひろ》之《ゆき》

発行者　辻 浩明

発行所　祥伝社《しょうでんしゃ》

〒101－8701
東京都千代田区神田神保町3－3
電話　03（3265）2084（編集部）
電話　03（3265）2081（販売部）
電話　03（3265）3622（業務部）
http://www.shodensha.co.jp/

印刷所　堀内印刷

製本所　ナショナル製本

ISBN978-4-396-31722-5 C0130